GRUNDLAGEN UND GEDANKEN ZUM VERSTÄNDNIS DES DRAMAS

ROLF HOCHHUTH: DER STELLVERTRETER

von

BERND BALZER

VERLAG MORITZ DIESTERWEG

Frankfurt am Main · Berlin · München

Die Reihe wird herausgegeben von Hans-Gert Roloff.

CIP-Kurztitelaufnahme der Deutschen Bibliothek

Balzer, Bernd:

Rolf Hochhuth: Der Stellvertreter / von Bernd Balzer.

– 1. Aufl. –

Frankfurt am Main; Berlin; München: Diesterweg, 1986.

(Grundlagen und Gedanken zum Verständnis des Dramas)

ISBN 3-425-06092-9

ISBN 3-425-06092-9

1. Auflage 1986

Umschlaggestaltung: Reinhard Schubert, Frankfurt am Main

Gesamtherstellung: graphoprint, Koblenz

Inhalt

1 Allgemeine Grundlagen

1.1 Literarhistorische Voraussetzungen

»Anderthalb Jahre lang ist diese Jugend nun angerufen worden und hat geschwiegen. Man hat sie bestürmt, angefleht, doch endlich zu reden. Sie hat geschwiegen. [...] Nun hat einer, ein Erster von den Fünfundzwanzigjährigen gesprochen [...] aber aus seiner Stimme ist nichts von Gläubigkeit und Glanz und Milde herauszuhören, er will nur Wahrheit.«
(Ernst Schnabel in: Akad. Rundschau 1, 1946/47, S. 386, über W. Borcherts *Draußen vor der Tür*)

»Seit 1945 haben wir vergeblich auf ein deutsches Drama, auf ein deutsches Zeitstück gewartet, das die Eiterbeule der unbewältigten Vergangenheit unerschrocken aufzustechen wagte.
Nun ist unverhofft ein junger Autor ins Rampenlicht getreten und hat mit einem provozierenden Stück zwar nicht die Vergangenheit bewältigt, wohl aber zu einer heftigen Auseinandersetzung herausgefordert.«
(Willy Jäggi in: Der Streit um Hochhuths »Stellvertreter«, S. 9)

1.1.1 Das Zeitstück seit 1945

Etwa 15 Jahre nach Kriegsende begann Rolf Hochhuth mit der Arbeit an seinem ersten Stück. 18 Jahre waren nach der deutschen Kapitulation vergangen, als es 1963 auf die Bühne kam. Die »Nachkriegszeit« war, so schien es, längst Geschichte, und mit dem Ende der »Ära Adenauer« und der Wahl Ludwig Ehrhards zum Bundeskanzler im gleichen Jahr ist auch der Abschluß der zweiten Phase in der Entwicklung der Bundesrepublik Deutschland markiert, die man – je nach politischem Standort – als Aufbau-, Konsolidierungs-, Wirtschaftswunder- oder auch Restaurationsperiode charakterisieren kann.
Der Abstand zwischen dem Beginn der 60er Jahre und dem Kriegsende ist materiell und politisch kaum größer zu denken, und dennoch bestehen für die Situation des Dramas in der Bundesrepbulik bemerkenswerte Ähnlichkeiten und Parallelen. Wie 1945 und 1946 war man – wenn auch aus anderen Gründen – mit dem Zustand des deutschen Theaters zutiefst unzufrieden; wie damals erwartete und erhoffte man auch jetzt einen »Aufwind für das Drama« (Günther Rühle in: Frankfurter Allgemeine Zeitung vom 5.9.1962).
Der nach Kriegsende beklagte Zustand des Dramas entsprach dem Nachkriegsdeutschlands: Die scheinbare »Nullpunkt«-Situation der bedingungslosen Kapitulation hatte eine Regeneration versprochen, die sich dann nicht verwirklichte. So herrschte in der deutschen Dramatik zu Ende der 50er Jahre ein »Vakuum«, das durchaus als »eine indirekte Folge der Hitlerzeit« anzusehen ist (Taëni, S. 15). Eine genaue Darstellung und Analyse der Theaterentwicklung in den ersten 15 Nachkriegsjahren steht für die Bundesrepublik immer noch aus; ein skizzenhafter Überblick ist jedoch notwendig zum Verständnis des Um-, ja Aufschwunges, den das Drama im Unterschied zur sog. »Stunde Null« seit und mit dem *Stellvertreter* tatsächlich genommen hat.

Nach Kriegsende war es die Hoffnung der engagierten Theatermacher, der alliierten Kulturoffiziere, der »Kahlschläger« unter den jungen Autoren, daß man das Theater, der Knebelung durch das Reichspropagandaministerium ledig, zu *dem* Ort künstlerischer Auseinandersetzung mit der Gegenwart und jüngsten Vergangenheit machen könnte. Die Erinnerung an Goering, Toller, Unruh, Piscator u.a., an das Drama nach dem Ersten Weltkrieg, bestimmte den Inhalt dieser Erwartungen, die sich in zahlreichen programmatischen Schriften ebenso äußerten wie in den Festreden zur Wieder- und Neueröffnung von Bühnen, in Theateralmanachen und Feuilletons. Aber diesen Erwartungen vermochte die Wirklichkeit nicht zu entsprechen.

Die erhoffte Renaissance des politischen Zeitstücks der Weimarer Republik fand nicht statt. Der allenthalben erhobene Ruf nach der »jungen deutschen Dramatik« fand kaum Widerhall. Bis 1948 gab es – großzügig gerechnet – ein Dutzend Stücke von »jungen« deutschen Autoren, die als Zeitstücke zu bezeichnen wären: *Wir heißen euch hoffen* von Fred Denger, *Peter Kiewe* von Heinrich Goertz, Horst Langes *Der Traum von Wassilikowa, Ein jeder von uns* von Hansjörg Schmitthenner, *Danach* von Helmuth Weiß, Herrmann Mostars *Der Zimmerherr,* Ilse Jungs *Wo ist der Weg, Die Illegalen* von Günther Weisenborn, Wilhelm Michael Mundts *Feuersturm, Jedermann 1948* von Willi Schäferdiek und Wolfgang Borcherts *Draußen vor der Tür.* Aus dem deutschsprachigen Ausland kam Max Frischs *Nun singen sie wieder* hinzu und aus dem Exil Julius Hays *Gerichtstag,* Hans Rehfischs *Quell der Verheißung* und Carl Zuckmayers *Des Teufels General.*

Den Erwartungen, die auf das Zeitstück gerichtet waren, Hoffnungen auf die künstlerisch überzeugende Aufarbeitung von Gegenwart und jüngster Vergangenheit, vermochte bis zu Wolfgang Borchert keines dieser Stücke zu entsprechen. Wirklichkeit wurde hier nicht in der Gestaltung durchschaubar, sie wurde vielmehr »bewältigt«, indem man sie zum Mythos überhöhte, bis sich die Verbindung mit dem Boden der Realität praktisch verlor: Hitler wurde zum »Teufel« (Zuckmayer), »Satan« (Goertz), »Org« (Mundt), der Faschismus war »Krankheit« (Lange), und im »Mysterienspiel« (Schäferdiek), »Requiem« (Frisch) und »Spiel« (Mundt) bot sich die adäquate Form zur Präsentation des Mythos und zum Ausstieg aus der Geschichte.

Selbst dort, wo konkrete Ereignisse und Situationen auf die Bühne gestellt wurden, beeilte man sich, diese zum Exempel allgemeinmenschlicher Probleme emporzustilisieren, mit denen sich »Ein jeder von uns« auseinanderzusetzen hat: In Schmitthenners Stück dieses Titels geht es um Verbrechen an russischen Kriegsgefangenen in einem deutschen Lager, und doch sollen sie bei »aller Realität den mystischen Hauch des Zeitlosen, des Immergültigen« erhalten (Szenenanweisung).

Diese Urteile treffen Weisenborns Widerstandsstück *Die Illegalen* nicht, das ein »Denkmal für die an der Schafottfront Gefallenen« (Vorwort) darstellen sollte und damit die Funktion erfüllte, zuerst einmal die Tatsache aktiven Widerstandes gegen den Faschismus in Deutschland bekanntzumachen und eine Auseinandersetzung damit zu ermöglichen, die innerhalb des Stückes nicht geleistet werden konnte. Ilse Jungs *Wo ist der Weg* und Dengers *Wir heißen euch hoffen* propagierten den Blick nach vorn: Die jeweiligen Helden entdecken ihren eigentlichen guten Kern, der sie, befreit vom Ballast des Bösen, zu Neu- oder Wiederaufbau schreiten läßt. Obwohl beide Stücke in der sowjetischen Besatzungszone aufgeführt wurden, nehmen sie in der Tendenz die bundesdeutsche Entwicklung der 50er Jahre vorweg.

Im Bereich der Westzonen tut das, wenn auch mit anderen Mitteln, das Stück mit dem größten Erfolg – nicht nur innerhalb der Zeitdramatik –: Borcherts *Draußen vor der Tür.* Enthusiastisch begrüßt als die so lange erwartete Äußerung der »jungen Generation«, als *das* Zeitstück schlechthin, wurde es, obwohl vom Autor so nicht intendiert, zu einem Kultstück der »verlorenen Kriegsgeneration« und zu deren Alibi zugleich, indem es diese von jedem Schuldvorwurf freisprach und die Auseinandersetzung mit der Wirklichkeit durch den unartikulierten »Aufschrei« ersetzte. (Vgl. dazu den Band zu *Draußen vor der Tür* innerhalb dieser Reihe.)

Dem scheinbaren »Durchbruch« des Zeitstückes im Jahre 1948 folgte dann auch nicht die erwartete Blüte dieses Genres. Die mit den beiden Eingangszitaten dokumentierte Parallelität der ›Fälle‹ Borchert und Hochhuth endet hier. Borchert wurde weder stil- noch gar epochebildend.

Der Beginn des »kalten Krieges«, der »Wirtschaftswunder« genannte ökonomische Aufschwung in der Bundesrepublik Deutschland schuf andere Themen und setzte andere Prioritäten.

So sehr diese grundlegenden politischen und wirtschaftlichen Faktoren im Vordergrund standen, so stark waren aber auch auf dem Theater und in der Dramatik selbst vorbereitende und verstärkende Tendenzen für diese Entwicklung bemerkbar. Neben den Mythisierungs- und Ausweichtendenzen der frühen Nachkriegsstücke deutscher Autoren war dies vor allem die Rezeption ausländischer Dramen. »Wir kennen nichts von den Stücken, die in der Welt in den letzten zwölf Jahren geschrieben wurden, wir wissen wenig vom Theater, das inzwischen dort gespielt wird. Wir haben, abgeschnitten von der Außenwelt und ihrer künstlerischen Entwicklung, nichts weiter tun können, als unser Handwerkszeug für die großen Aufgaben, die uns jetzt gestellt werden, frisch zu erhalten«, hatte Gustaf Gründgens 1946 erklärt (in: Wirklichkeit des Theaters. Frankfurt 1977, S. 140). Die Auswahl entsprechender Stücke wurde zunächst von der »Umerziehungs«-Programmatik der alliierten Kulturoffiziere bestimmt. Doch zeigte sich schon bald, wie sehr trotz dieser polit-didaktischen Absicht die Spielpläne den Verdrängungstendenzen in Deutschland entsprachen. Und was dem Entlastungsbedürfnis des deutschen Publikums bis 1948/49 so sehr entgegengekommen war, befriedigte um so mehr die Zuschauer der frühen 50er Jahre:

»An den Konversationskomödien von T.S. Eliot und Christopher Fry sowie den lyrischen Dramen Federico Garcia Lorcas bewunderte man die poetischen Kunsträume, an Paul Claudel die christliche Rechtfertigungsgewißheit, an den Neo-Naturalismen von Eugene O'Neill und Tennessee Williams die Nachwirkung Gerhart Hauptmanns, an Thornton Wilder und Arthur Miller die Domestizierung des Schreckens, an Anouilh, Giraudoux und Sartre den fatalistischen Zug, der eine erstaunliche Parallele zwischen dem Versagen der deutschen und französischen Intelligenz vor dem Faschismus aufdeckte« (Schreiber, S. 469).

Gerade Wilder kam mit seiner Mischung aus fatalistischem Geschichtsbild und christlich motivierter Heilsgewißheit, von konservativer Idyllik und »moderner« Verfremdungstechnik den deutschen Bedürfnissen entgegen, und es ist bezeichnend, daß sein in den 30er Jahren in den USA unbeachtet gebliebenes *The skin of our teeth* unter dem Titel *Wir sind noch einmal davongekommen* erst in den westlichen Besatzungszonen Deutschlands zum Erfolg geworden war. Wilders Geschichtsphilosophie und die durch die Rezeption von Sartre und Camus auch in Deutschland wiederbelebte Bewegung des Existentialismus bereitete den Boden für das »Theater des Absurden«, das ab 1957 die bundesdeutschen Bühnen dominierte. Ionesco mehr als Beckett stand dabei im Vordergrund. Die Darstellung einer absurden Welt gab sich den Anschein philosophisch begründeter Kritik an ideologischen Versuchen der Sinngebung. Max Frisch hielt dem entgegen, daß es sich hier weniger um antiideologische Weltbeschreibung als vielmehr um Realitätsverdrängung handele mit der Konsequenz, daß hiermit nun gerade einer Ideologie Vorschub geleistet würde: »Wenn ich Diktator wäre, würde ich nur Ionesco spielen lassen« (zit. nach Schreiber, S. 470).
Die deutschen Vertreter des »absurden Theaters«, Günter Grass *(Noch 10 Minuten bis Buffalo, Hochwasser, Die bösen Köche),* vor allem aber Wolfgang Hildesheimer *(Pastorale oder Die Zeit für Kakao, Landschaft mit Figuren, Die Uhren),* beschränkten sich zunächst auf eine bloße Übernahme absurder Techniken, um sich dann, angesichts der nicht nur von Max Frisch geäußerten Kritik, um nachträgliche theoretische Rechtfertigung zu bemühen (z.B. Hildesheimers *Rede über das absurde Theater,* Erlangen 1960), die sich in den Stücken dann freilich doch nicht niederschlug.
Gegenüber der Vormachtstellung des absurden Theaters versuchten nur wenige Autoren (und Regisseure), die Auseinandersetzung mit der Wirklichkeit – und der jüngsten deutschen Geschichte – im Drama und auf der Bühne weiterzuführen. Angesichts allgemeiner Verdrängungstendenzen wurden dieser Aufgabe aber weder kolportagehafte Komödienversuche (z. B. Claus Hubaleks *Der Hauptmann und sein Held*) noch auch jene Klasse von Stücken gerecht, die in der Parabelform, im Modell, das adäquate Mittel künstlerischer Wirklichkeitsgestaltung sahen. Max Frischs *Andorra* (1961) kann als Paradebeispiel für diese Richtung dienen (zu der auch *Eiche und Angora* von Martin Walser und *Zeit der Schuldlosen* von Siegfried Lenz gehören), indem es statt einer konkret historischen Entschlüsselung der Parabel die Deutung nahelegt, eine allgemein menschliche Schwäche sei im Grunde verantwortlich für die Exzesse des Antisemitismus.
»Konkret brach die Geschichte in das westdeutsche Theater ein, als 1956/57 insgesamt 44 Bühnen die Dramatisierung des *Tagebuchs der Anne Frank* von Frances Goodrich und Albert Hackett aufführten« (Schreiber, S. 470), aber gerade die realistische Darstellung der Situation dieser jüdischen Familie in Amsterdam, ihres Lebens im abgeschirmten Versteck, erzeugte eine unwirkliche Atmosphäre,

führte zwar zu einer Identifikation mit den Leidenden, weniger jedoch zu einer Auseinandersetzung mit den Ursachen des Leids.

Der Name Brechts fehlte bislang in dieser Übersicht über die ersten 15 Jahre zunächst deutschen, dann bundesdeutschen Nachkriegstheaters, des Autors, der doch zuerst und vor allem das politische, das eigentliche Zeittheater in der Weimarer Republik und im Exil verkörpert hatte und der vor allen anderen in der Lage hätte sein sollen, die beschriebene Malaise des Zeitstücks zu beheben. Tatsächlich war er in dem hier umrissenen Zeitraum und Bereich wirklich nicht präsent: in Deutschland zwischen 1945 und 1949 nicht, weil er mit nur wenigen Ausnahmen *(Mutter Courage, Die Gewehre der Frau Carrar)* die Rechte für deutsche Aufführungen verweigerte – er hatte nach seinen Erfahrungen seit dem »Drei-Groschen-Prozeß« Anlaß, deutschen Aufführungen ohne seine Beteiligung zu mißtrauen –, und in der Bundesrepublik danach nicht, weil im sich steigernden Ost-West-Konflikt des »kalten Krieges« der DDR-Rückkehrer Brecht als Gegner, ja Feind erschien und seine Stücke im Westen weitgehend boykottiert wurden.

So stellt sich das bundesdeutsche Theater zu Beginn der 60er Jahre als eine Landschaft dar, auf der absurdes Theater und lyrische Dramen, der Sprachwitz von Konversationsstücken und das Pathos »werkgetreuer« Klassikeraufführungen durchaus Kontraste bildeten und wo ein überaus reichhaltiges Angebot von Unterhaltungsstücken für Vielfalt sorgte. Dennoch reduzierte sich diese Buntheit durch Übereinstimmung in einem entscheidenden Punkt: Die Wirklichkeit blieb – mit den wenigen erwähnten Ausnahmen – ausgeblendet.

Wenn man daher zu jener Zeit zum zweiten Mal nach Kriegsende einen »Aufwind für das Drama« erwartete und erhoffte, so ist die Ursache dafür wohl in einem untergründigen Unbehagen an eben dieser Entwicklung zu sehen. Nicht die Regie- und Schauspielerleistungen wurden kritisiert, denn diese standen außer Zweifel. Das System hochsubventionierter staatlicher Bühnen garantierte weitgehend inszenatorische Opulenz. Aber gerade dadurch spiegelte sich im Theaterbetrieb jene Saturiertheit wider, die sich im lebensweltlichen Bereich der Zeit in Slogans wie »Wir sind wieder wer« und »Hast du was, dann bist du was« manifestierte.

Relativ früh, schon 1955, hatte der Berliner Theaterkritiker Friedrich Luft diesem Unbehagen Ausdruck gegeben: »Jetzt wäre es an der Zeit – endlich! –, das Theater wieder ungemütlich zu machen, ehe wir uns darin so bequem gehätschelt fühlen, daß wir gar nicht merken, wie tot es im Grunde schon ist« (zit. nach R. Taëni, Tankret Dorst: Toller. Frankfurt/M.: Diesterweg 1977, S. 7). An diesem Zitat wird zum einen noch einmal die Parallele zu den Wiederbelebungsforderungen und -erwartungen der ersten Nachkriegsjahre deutlich, zugleich aber auch der wesentliche Unterschied: Der unmittelbare und lebendige Eindruck erlebter und erlittener Geschichte ließ die Programmatiker von 1945/46 nach der künstlerischen Gestaltung eben dieser Geschichte rufen; zu Beginn der 60er Jahre hieß die Forderung eher vage »Ungemütlichkeit« – kaum, daß man sich zu grundsätzlicheren Debatten über die immer noch wenig konkreten Begriffe »Wirklichkeit« und »Gegenwart« verstieg.

Aus dieser Differenz in den Erwartungshaltungen sind denn auch die Unterschiede in den Reaktionen auf Hochhuths *Stellvertreter* und Borcherts *Draußen vor der Tür* zu erklären: Borchert schien zumindest die Erwartungen zu erfüllen, denn sein Stück erntete den enthusiastischen Beifall der überwiegenden Mehrheit von Kritikern und Zuschauern. Hochhuth hingegen ging über die Erwartungen hinaus, indem er zwar wieder der Wirklichkeit auf der Bühne Platz gab, zugleich jedoch sich nicht auf die Gegenwart beschränkte, sondern zu deren verschütteten und verdrängten Wurzeln vordrang. Das mußte zu heftigen Gegenreaktionen führen, wobei sogar die von heute aus möglicherweise als überzogen erscheinende Heftigkeit der Polemik verständlich ist. Daß aber die Zahl der Befürworter des *Stellvertreters* derjenigen der Gegner in etwa die Waage hält, daß es eine *Stellvertreter*-Debatte gab, ist ein Indiz dafür, daß der Blick auf die Situation von Drama und Theater der 60er Jahre allein nicht ausreicht, um die Konstitution des öffentlichen Bewußtseins bei Erscheinen des *Stellvertreters* zureichend zu erfassen.

1.1.2 Schuld und Verdrängung

Der Kölner Theaterwissenschaftler Jan Berg zitiert in seiner Dissertation über die *Stellvertreter*-Debatte einen Satz aus dem Buch *Das Land der unbegrenzten Zumutbarkeiten* (1963) von Ulrich Sonnemann: »Im Bewußtsein der bundesrepublikanischen Gesellschaft faßt das, was nicht an ihr stimmt, sich im Wort von der unbewältigten Vergangenheit zusammen« (Berg, S. 14). In Max von der Grüns 1968 veröffentlichtem Roman *Zwei Briefe an Pospischiel* wirft ein Dialog ein Schlaglicht aus anderem Blickwinkel auf diesen Problemkomplex: »Mann, Pospischiel, verstehen Sie doch endlich. Dieses Werk ist 1960 entstanden. Es hat keine Vergangenheit [...] Es ist für die Zukunft gebaut [...]. Was interessiert es da, was einmal war« (zit. nach Thomas/Bullivant, S. 12). Es standen sich (und zum Teil stehen sich noch immer!) eine Haltung sozusagen »bewußten Vergessens« und eine gerade diese Haltung kritisierende Position gegenüber, und es ist durchaus nicht verfehlt, die Konfliktlinie im *Stellvertreter*-Streit zumindest teilweise mit dem Trennungsstrich zwischen diesen beiden Positionen zu identifizieren. Dennoch war die Situation komplizierter, als es das Bild solcher Konfrontation zu erfassen vermag.

Sonnemanns psychologisierende Formulierung faßt zunächst nur die Ergebnisse einer historisch nachvollziehbaren Entwicklung zusammen, die in der Passage aus von der Grüns Roman ebenso zum Ausdruck kommt: Nach Entnazifizierungskampagne und Nürnberger Prozessen gegen die überlebenden Machtträger des Dritten Reiches war die Auseinandersetzung mit der deutschen Vergangenheit unter-, bzw. abgebrochen worden. Die Ost-West-Spaltung, die Gründung zweier deutscher Staaten mit allmählicher Erweiterung ihrer Souveränität, die wirtschaftliche Restauration setzten neue, in die Zukunft verweisende Fakten, für die Vergangenheit nicht relevant schien. Diese Faktoren schufen ein allgemeines und sich so rasch verfestigendes öffentliches Bewußtsein, das selbst gelegentliche »Enthüllungen« und Debatten wie etwa um Adenauers Kanzleramtschefs Globke (dem

Kommentator der Nürnberger Rassengesetze der Nazis vom November 1935) oder um die Nazi-Vergangenheit anderer prominenter Bürger der Bundesrepublik nicht zu erschüttern vermochten. Schon gar nicht gelang das einer Art »Gegenöffentlichkeit«, die im Bereich von Kunst und Literatur (mit Ausnahme des Dramas) stets wachgeblieben, über ihn aber selten hinausgelangt war. Romanschriftsteller waren es vor allem – Wolfgang Koeppen *(Das Treibhaus)*, Alfred Andersch *(Die Rote)*, Günter Grass *(Die Blechtrommel, Hundejahre)*, Heinrich Böll *(Haus ohne Hüter, Billard um halbzehn)* –, die ihre literarische Opposition gegen den Zustand der bundesdeutschen Gesellschaft mit dem Verdrängungssyndrom begründeten. In der veröffentlichten Meinung der 50er Jahre wurde solche Opposition mehrheitlich als »Nestbeschmutzung« denunziert. Und wenn auch eine immerhin beachtliche Minderheit die Kritik der Schriftsteller unterstützte, indem sie von ihnen als dem notwendigen »Gewissen der Nation« sprach (vgl. Thomas/Bullivant, S. 18), so war dies eine Rollenzuweisung, mit der solche Kritik gleichsam domestiziert wurde: Die allfällige »Trauerarbeit« (Mitscherlich) war so einer Gruppe von Spezialisten zugewiesen, die sich im Reservat der Literatur bewegen durfte – was niemanden sonderlich störte, solange dieses Reservat nicht verlassen wurde. Wie zäh man an solcher Rollenverteilung hängt, haben Böll und Grass Mitte der 60er Jahre zu spüren bekommen, vor allem aber Rolf Hochhuth. So erklärte der Bundeskanzler Ludwig Ehrhard mit Blick auf Hochhuths Essay *Krieg und Klassenkrieg:* »[...] wenn Herr Hochhuth als Schriftsteller sich betätigt, dann ist der für mich völlig tabu, dann kann er schreiben, was er will. Aber wenn er sich glaubt als Herr Hochhuth zugleich als Politiker aufspielen zu wollen [...], dann ist er in meinen Augen ein Pinscher.« (zit. nach Taëni, S. 121)

Eine Brücke vom Reservat der Literatur zur politischen Öffentlichkeit hätten Rundfunk, Fernsehen und Film schlagen können. Aber die elektronischen Medien schufen sich dafür mit den politischen Magazinen ein eigenes Getto, und im Kino gab es in dieser hohen Zeit des deutschen Heimatfilms nur wenige Versuche zur Aufarbeitung der Geschichte in unterhaltsamer, also breitenwirksamer Weise (z.B. der Kurt-Hoffmann-Film *Wir Wunderkinder* von 1958 oder Wolfgang Staudtes *Rosen für den Staatsanwalt* von 1959), die mit sehr gemischten Reaktionen aufgenommen wurden. Und die internationalen Filmverleiher wußten schon, warum sie ausländische Filme zum Thema Faschismus am deutschen Markt vorbeigehen ließen und warum sie bei »Kassenmagneten« in den deutschen Fassungen entsprechende Sequenzen entweder wegließen oder durch die Synchronisation veränderten: So wurde aus Alfred Hitchcocks *Notorious* (1946), einem Thriller über Nazi-Spionage, in der ab 1951 gezeigten deutschen Version ein Krimi über Rauschgiftschmuggel (Titel: *Weißes Gift*).

Auch das sind Symptome eines gestörten Verhältnisses der deutschen Öffentlichkeit zur eigenen Geschichte, ein weiterer Beleg also für die These Sonnemanns. Diese beschrieb freilich nicht nur einen zweifellos gegebenen Sachverhalt, sondern sie unterstellt in der Wortwahl einen psychologischen Erklärungskontext für diesen Sachverhalt: nicht stimmendes Bewußtsein, Bewältigung, Verdrängung, Gewissen, Symptom, Verdrängungssyndrom – diese hier verwendeten Begriffe stammen aus dem gleichen Bedeutungsfeld. Sie werden allenthalben, z.T. metaphorisch, bildhaft verwendet, zugleich erzeugen sie jedoch auch ernsthaft die Vorstellung eines Massenorganismus oder einer Volkspsyche. Während aber die Metapher akzeptabel ist als bildhafte Vereinfachung eines komplizierten Sachverhalts, so ist die Vorstellung einer Kollektivpsyche fragwürdig nicht nur deshalb, weil zwischenmenschliche Beziehungen sich generell kaum als innermenschliche verstehen lassen, sondern weil damit die besonderen gesellschaftlichen Bedingungen öffentlichen Bewußtseins ausgeblendet werden. Die zwangsläufige, vielleicht sogar beabsichtigte Konsequenz solcher Sicht auf das Verdrängungssyndrom in der Öffentlichkeit der 50er Jahre ist der Ersatz gesellschaftlicher Aktivitäten durch bloße »Seelenmassage», zu der Massen»kunst«, Medien und Politiker ihren Beitrag leisteten. Hinzu kam, daß Kritik von außen – und das hieß in jenen Jahren fast immer Kritik aus dem Osten – in ihren berechtigten Argumenten allzu rasch als Beitrag zum »kalten Krieg« diskreditiert wurde und sich überwiegend durch fragwürdige Positionen auch noch selbst diskreditierte: Die zu Recht geäußerte Polemik gegen die seit Kriegsende im Westen betriebene Mythisierung von Geschichte und Psychologisierung öffentlichen Bewußtseins führte sich rasch selbst ad absurdum, weil die zugleich angebotenen Alternativen seit Bekanntwerden des stalinistischen Terrors nach Stalins Tod 1956 wenig zu überzeugen vermochten.

Auf einer pseudopsychologischen Ebene scheint auch ein weiterer Konflikt angesiedelt, der, mit den Schlagworten »Kollektivschuld« und »Schuld von einzelnen« zitiert, damit aber doch nicht zutreffend bezeichnet wird. Die logische Opposition dieser beiden Begriffe bestimmte nämlich keineswegs die Fronten im Streit. Es gab vielmehr eine Debatte um die Frage, ob »das ganze deutsche Volk« Schuld trage am Faschismus, seinen Unmenschlichkeiten und den durch ihn angezettelten Krieg. Die These von der »Kollektivschuld« wurde vor allem von den ehemaligen Kriegsgegnern und -opfern des Dritten Reiches entschieden vertreten, zumal Kollektivschuld auch Kollektivhaftung implizierte, und weil sich damit auch der Faschismus und seine Entstehung als »typisch deutsche Verirrung« oder »Krankheit« auf ein spezifisch deutsches (schlimmstenfalls deutsch/italienisch/japanisch – eventuell spanisches) Problem reduzierte. Dagegen hing man innerhalb der Bundesrepublik mehrheitlich eher einer »Verführungs«these an, die die Schuld einzelnen Verbrechern anlastete. Aber selbst der Kollektivschuldthese war noch eine gewisse Entlastungsfunktion abzugewinnen, da die übergroße, geradezu metaphysische Schuld der Gesamtheit das praktische Gewissen des einzelnen tatsächlich nicht sehr belastete. Heinrich Böll hat diesen Mechanismus in seinem etwa zeitgleich mit dem *Stellvertreter* veröffentlichten Roman *Ansichten eines Clowns* beschrieben:

Was mich [...] aufregte, war die Harmlosigkeit der zurückgekehrten Emigranten. Sie waren so gerührt von all der Reue. [...] sie begriffen nicht, daß das Geheimnis des Schreckens im Detail liegt. Große Sachen zu bereuen ist ja kinderleicht: Politische Irrtümer, Ehebruch, Mord, Antisemitismus – aber wer verzeiht einem, wer versteht die Details.« (zit. nach der dtv-Ausgabe, S. 190)

Böll verweist damit zugleich auf eine ebenfalls seit Kriegsende, aber mit geringerem Stimmaufwand geführte Debatte, die sich neben dem Streit um Kollektivschuld versus Schuld von einzelnen »großen Tötern« (Brecht in den Anmerkungen zum *Arturo Ui*) an der Frage nach der Schuld *jedes* einzelnen entzündete. In der Diskussion *dieser* Frage sah man eine Lösung für das gesamtgesellschaftliche Syndrom des »Verdrängungskomplexes«, und innerhalb dieser Frage hatten auch individualpsychologische Kategorien ihren sinnvollen Platz. Bereits 1946 waren entsprechende Überlegungen von Karl Jaspers in seinem Buch *Die Schuldfrage* formuliert worden. Jaspers forderte das rückhaltlose Bekenntnis des einzelnen zu seiner Schuld, und die meisten Vertreter der literarischen Opposition in der Bundesrepublik während der Adenauerzeit gestalteten aus einer ähnlichen Position heraus den Prozeß und die Folgen solch individueller Auseinandersetzung mit der je eigenen Rolle während des Nationalsozialismus. Dagegen polemisierten dann freilich gerade nicht die Verfechter der Kollektivschuldthese, sondern die Marxisten, die unzulässige Psychologisierung argwöhnten und Rückzüge in Individualismus und Innerlichkeit als Ausdruck der Krise bürgerlichen Bewußtseins attestierten.
Dieser literarhistorische und geistige Horizont, vor dem Hochhuths Drama entstand und seine Wirkung entfaltete, wurde während der Entstehungsphase des *Stellvertreters* durch zwei Ereignisse entscheidend beeinflußt: den Prozeß gegen Adolf Eichmann 1962 in Israel und die Vorbereitungen zum Auschwitz-Prozeß, der 1963 in Frankfurt beginnt. Durch diese Prozesse sowie die Verhaftung des letzten Kommandanten von Auschwitz, Baer, im Jahre 1960 wurde auch für ein breiteres öffentliches Bewußtsein der Komplex von Naziverbrechen aus der scheinbar historischen Ferne in die aktuelle Gegenwart gerückt. Zugleich standen statt der mythischen Inkarnation des Bösen Menschen vor Gericht, deren Handeln und Verantwortlichkeit provokativ zu Maßstäben werden mußten, an denen sich das Handeln und die Verantwortung jedes einzelnen dieser Generation messen zu lassen hatte.

1.2 Der Stoff

Papst Pius XII. und sein Handeln oder Nichthandeln angesichts der Deportation römischer Juden im Oktober 1943 bilden als historischer Stoff den Kern der Handlung im *Stellvertreter*. Die Datenangaben – »August 1942« (15), »16. Oktober 1943« (101), »17. Oktober 1943« (132) »vor einem halben Jahr« (116) erweitern den zeitlichen Rahmen dieses Stoffes, der durch die Einbeziehung von Vorgeschichte (z.B. Pacellis Zeit als Nuntius in Berlin) und Folgen (bis in die Gegenwart der Entstehung des Stückes 1961) noch ausgedehnter ist. Inhaltlich umschließt dieser Rahmen ohnehin weit mehr: Selbstverständlich gehören das Verhältnis des Vatikans zum Dritten Reich, seine Haltung im und zum Krieg ebenso dazu, wie das Schicksal einzelner Vertreter der Kirche, die im Stück genannt werden. Und wenn auch durch Titel und Handlung zweifellos die Themen Papst, Kirche und

Judenverfolgung in den Mittelpunkt gestellt sind, bilden die deutschen Entwicklungen – Faschismus, Judenverfolgung, Auschwitz, die Organisation von Sklavenarbeit und Menschenverwertung durch die Industrie – die Grundlage, durch die die zentrale Handlung überhaupt erst zum Thema wird. Hochhuth hat in den *Historischen Streiflichtern* als Anhang zum Stück (229 – 280) selbst die notwendige Fülle zeitgeschichtlicher Bezüge in Komplexen zu ordnen versucht – »Kolbe und Gerstein«, »Der Vatikan und die ›Endlösung‹«, »Krupp« etc. Die Diskussion, die seit der Uraufführung um die Frage »Wahrheit oder Fälschung« geführt wird, ist aber ein Hinweis darauf, daß in diesem Fall der historische Stoff weniger als sonst vorgegebenes Faktum ist, über dessen Bearbeitung in einem literarischen Werk zu diskutieren wäre, sondern daß bereits das geschichtliche »Faktum« nicht objektiv gegeben, vielmehr nur als Produkt aus Ereignis und Interpretation vorliegt. Der Stoff – in diesem eigentlichen Sinn des Begriffs – läßt sich daher nicht vom Stück gelöst beschreiben, es sei denn, man reduziert »Stoff« auf das engere Verständnis von »Quelle«.

Hochhuth nennt in den *Historischen Streiflichtern* eine Reihe von historischen Dokumenten und Geschichtswerken und zitiert dort auch teilweise aus ihnen. Für den Text des *Stellvertreters* sind vor allem fünf Quellen von Bedeutung:

- Augenzeugenbericht zu den Massenvergasungen, hg. v. Hans Rothfels. In: Vierteljahrshefte für Zeitgeschichte, 1. Jg. 1953, S. 177ff. (= Gerstein-Bericht)
- Gerhard Schoenberner: Der gelbe Stern. München 1960 (in erweiterter Fassung München 1978)
- Léon Poliakov, Josef Wulf: Das Dritte Reich und die Juden. Dokumente und Aufsätze. Berlin 1955
- Gerald Reitlinger: Die Endlösung. Hitlers Versuch der Ausrottung der Juden Europas 1939–1945. Berlin 1956
- Domenico Kardinal Tardini: Pius XII. Als Oberhirte, Priester und Mensch. Freiburg 1961

Dem Gerstein-Bericht hat Hochhuth die Einzelheiten von dessen Biographie (im Stück S. 62) übernommen. Nahezu wörtliche Übernahme ist der Bericht über die Vergasungen in Belzec (24 f.). Aus den Kommentaren des Herausgebers stammt die Berufung Gersteins auf die Referenzen durch Martin Niemöller, Hermann Ehlers etc. (23).

Dem Fotoband Gerhard Schoenberners hat Hochhuth den Text des Weizsäcker-Briefes (226 f.) entnommen. Auf Poliakov/Wulf gehen Einzelheiten über Verfolgungsmaßnahmen, Konzentrationslager und einzelne Personen (Blobel, Wirth, Kappler etc.) zurück.

Aus Reitlingers Buch stammen die Informationen über den SS-Hauptsturmführer und Ordinarius für Anatomie August Hirt. Dessen Initiative zur Sammlung von »Kommissar-Schädeln« (44 f.) ist in einem dort abgedruckten Dokument (Reitlinger, S. 379 f.) mit fast identischem, allerdings dialektfreiem Wortlaut belegt.

Der Pius-Biographie des Kardinals Tardini hat Hochhuth Einzelheiten über Sprechweise, Gestik und Verhalten des Papstes entnommen. Aus der Erinnerung Tardinis an eine Audienz bei dem damals schwerkranken Papst am 2.12.1954

stammt das Hochhuth so oft angekreidete Motiv der Scheckübergabe (156 f.). Die entsprechende Passage bei Tardini lautet:
»Ich antwortete ihm: ›Diesmal aber haben auch Eure Heiligkeit Glück‹, und übergebe ihm zwei ansehnliche Schecks, die mir die beiden Kardinäle für den Peterspfennig übergeben hatten. Darauf sagt der Papst zu mir: ›Sie haben recht, auch ich bin glücklich‹.« (Tardini, S. 84). Das Gebet des Papstes (177) ist der Gedenkrede Johannes XXIII. entnommen, die dem Buch Tardinis vorangestellt ist. Da Johannes (Tardini, S. 17) den Verstorbenen mit den Worten anruft »stärke unser Gebet durch dein Gebet«, hat Hochhuth den dann folgenden Psalm 44,26 (»Exsurge, Domine ...«) für ein besonderes Gebet Pius' XII. gehalten.

1.3 Die Entstehung des Stückes

Rolf Hochhuth wurde am 1. April 1931 in Eschwege geboren. Die Eltern gehörten einer alteingesessenen Kaufmannsfamilie an. Der Einzug der Amerikaner in Eschwege im April 1945 beendete nicht nur die obligatorische Jungvolkzeit Hochhuths, er wurde von ihm als ein entscheidender historischer Einschnitt erlebt, der seine geschichtlichen und literarischen Interessen fortan bestimmte. Nach Abbruch des Realgymnasiums nach der Mittleren Reife (1948) folgten eine Buchhändlerlehre und erste Schreibversuche (Gedichte, autobiographische Erzählungen und ein Roman, alle unveröffentlicht). 1955 tritt er in den Bertelsmann-Lesering als Lektor ein mit einem Vertrag, der seine Lektoren- und Herausgebertätigkeit auf die Nachmittage bechränkt und ihm so täglich bis 13 Uhr Zeit zum Schreiben läßt. Er gibt die Werke Storms und Kästners und Essays Thomas Manns heraus. Seine erste literarische Veröffentlichung ist die Erzählung *Resignation oder die Geschichte einer Ehe* (1959). Im gleichen Jahr erstellt er zusammen mit Theodor Heuss eine Wilhelm-Busch-Ausgabe, die ein immenser Erfolg für den Verlag wird. Dieser gewährt ihm daraufhin einen dreimonatigen Arbeits-Urlaub, den Hochhuth in Rom verbringt.
Die Lektüre des Gerstein-Berichtes hatte sein Interesse auf die Rolle des Vatikans während des Holocaust gelenkt: »In dem ›Einbruch Gersteins in die Apostolische Nuntiatur Berlin‹ sah er das ›Muster einer klassischen Exposition‹« (Melchinger, S. 25) für ein Drama, für das er in der Bibliothek des Vatikans Material sucht und erste Entwürfe skizziert.
1961 ist der Text fertig, und Hochhuth schließt einen Vertrag mit dem Hamburger Verlag Rütten und Loening, der zum Bertelsmann-Konzern gehörte und dessen Geschäftsführer zuvor Programmchef des Leserings gewesen war. Es wird eine Paperback-Ausgabe des *Stellvertreters* gesetzt, aber nicht gedruckt, da der Verlag Bedenken bekommt und vor allem eine einstweilige Verfügung des Vatikans befürchtet. Der Verleger Ledig-Rowohlt erhält jedoch einen Probeabzug des Textes und vermag Erwin Piscator, den damaligen Intendanten der Freien Volksbühne in Berlin, für das Stück zu interessieren. Zugleich mit der Berliner Uraufführung am 20.2.1963 erscheint im Rowohlt-Verlag die Textausgabe des Stückes.

2 Wort- und Sachkommentar

(Die Seitenangaben beziehen sich – wie sonst alle Zitate aus dem Stück – auf folgende Textausgabe: Rolf Hochhuth, *Der Stellvertreter*. Mit Essays von Sabina Lietzmann, Karl Jaspers, Walter Muschg, Erwin Piscator, Golo Mann. 169 – 175. Tausend, Reinbek 1984 = rororo TB 997.)

Die im Stück auftretenden historischen Figuren

»Außer dem Papst, dem Nuntius, Gerstein, Hirt und Eichmann sind alle Gestalten wie die Namen frei erfunden« (14)

Papst Pius XII.: Eugenio Pacelli (1876 – 1958), von 1917 – 1929 päpstlicher Nuntius in München und dann in Berlin, 1930 – 1939 als Kardinalstaatssekretär maßgeblich beteiligt an der Konkordatspolitik Pius' XI., ab 1939 dessen Nachfolger.

Der Apostolische Nuntius: Cesare Orsenigo (1873 – 1946), von 1930 an Nuntius (d.i. diplomatischer Vertreter des Vatikans im Range eines Botschafters) in Berlin.

Gerstein, Kurt (1905 – 1945?): Diplomingenieur, Bergassessor, 1936 wegen staatsfeindlicher Betätigung aus dem Dienst entfernt und verhaftet. 2. Verhaftung 1938. 1941 Eintritt in die SS, wegen großer Erfolge als Desinfektor befördert zum Oberleutnant. 1942, obwohl die früheren Verhaftungen bekannt werden, Ernennung zum Leiter der Abteilung für Desinfektionsgase des SS-Gesundheitsamtes. Beschafft seit 1942 das Blausäurepräparat »Zyklon B« für die Massenvergasungen und versucht zugleich, die Weltöffentlichkeit darüber zu informieren. Im Juli 1945 hat er angeblich in frz. Gefangenschaft Selbstmord begangen.

Hirt, August (1898 – ?): Anatomie-Professor in Heidelberg, Greifswald, Frankfurt/Main – nach deren Gründung Ordinarius für Anatomie an der »Reichsuniversität Straßburg«, SS-Hauptsturmführer.

Eichmann, Karl Adolf (1906 – 1962): SS-Obersturmbannführer, 1940 – 1945 Leiter der Gestapo-Abteilung für Judenangelegenheiten. Im wesentlichen verantwortlich für die Organisation der »Endlösung«. Nach 1945 verschwunden, 1961 vom israelischen Geheimdienst in Argentinien aufgespürt und entführt, 1962 durch ein Gericht in Jerusalem verurteilt und hingerichtet.

S. 13 *Pater Maximilian Kolbe* (1894 – 1941): polnischer Priester (seit 1918), gründete 1917 in Rom die »Militia Immaculatae«, eine marianische Apostelvereinigung, für die er ab 1922 in Krakau und ab 1930 in Nagasaki tätig war. Seit 1936 wieder in Polen lebend, wurde er 1941 ins KZ Auschwitz gebracht, wo er stellvertretend für einen zum Tode verurteilten Familienvater ins Gas ging. Die Kirche leitete 1959 den Seligsprechungsprozeß ein, 1983 wurde er heiliggesprochen. – *Prälat Bernhard Lichtenberg* (1875 – 1943): im 1. Weltkrieg kath. Militärpfarrer, danach Berliner Stadtverordneter der Zentrumspartei, seit 1932 Dompfarrer an der

St.-Hedwigs-Kathedrale in Berlin, 1942 von einem Sondergericht zu 2 Jahren Gefängnis verurteilt, weil er die Juden ins Gebet eingeschlossen hatte, am 3.11.1943 auf dem Transport ins KZ Dachau gestorben.

S. 15 *George Bernard Shaw* (1856 – 1950): engl.-irischer Schriftsteller. – *Empire:* Stilrichtung zw. etwa 1800 und 1830. – *Ernst Freiherr von Weizsäcker* (1882 – 1951): Diplomat, 1938 – 1943 Staatssekretär im Auswärtigen Amt, ab 1943 Botschafter beim Vatikan, 1949 als Kriegsverbrecher im sog. »Wilhelmstraßen-Prozeß« zu 5 Jahren Gefängnis verurteilt. – *8. November 1938:* die sog. »Reichskristallnacht«. – *Rotwelsch:* eigentlich Gaunersprache. – *Hermann Göring* (1893 – 1946): Reichsmarschall, ab 1935 Oberbefehlshaber der Luftwaffe.

S. 16 *Pektorale:* Brustkreuz. – *Soutane:* Priestergewand. – *Kierkegaard,* Sören (1813 – 1855): dän. Philosoph. – *Hedwigskirche:* St.-Hedwigs-Kathedrale, die Bischofskirche der Katholiken in Berlin.

S. 17 *exempli causa:* zum Beispiel. – *Minutant:* Kurienbeamter, der die Entwürfe (minuta) amtlicher Schriftstücke im Vatikan ausarbeitet. – *Protegé:* Schützling.

S. 18 *à tout prix:* um jeden Preis. – *prohibitiv:* verhindernd. – *Nonvaleur:* Wertloser, Nichtsnutz. – *Konkordat mit Hitler:* Vertrag des Vatikans mit dem 3. Reich vom 20. 7. 1933 zur Wahrung der kirchlichen Interessen in Deutschland. – *Der selige elfte Pius:* Papst Pius XI., als Achille Ratti 1857 geboren, von 1922 – 1933 Papst. – *sistiert:* aufgehoben, eingestellt. – *Goebbels,* Joseph (1897 – 1945): Reichsminister für Volksaufklärung und Propaganda seit 1933. – *Bischof Galen* (1878 – 1946): Kardinal, Erzbischof von Münster, wandte sich 1941 öffentlich gegen Hitlers »Euthanasie-Programm« zur »Vernichtung lebensunwerten Lebens« Geisteskranker.

S. 19 *Episkopat:* hier die Gesamtheit der Bischöfe. – *Heydrich,* Reinhard (1904 – 1942): SS-Obergruppenführer, seit 1932 Chef des Sicherheitsdienstes (SD), 1941/42 Reichsprotektor von Böhmen und Mähren. Nach dem Attentat auf ihn wurde das Dorf Lidice mit sämtlichen Einwohnern liquidiert. – *Narvik:* norwegische Stadt, Ort der entscheidenden Kämpfe bei der deutschen Besetzung Norwegens im April 1940.

S. 20 *dira necessitas:* unheilvolle Notwendigkeit. – *Index* librorum prohibitorum: Verzeichnis der vom Papst für jeden Katholiken verbotenen Bücher (seit 1967 nicht mehr bindend). – *Rankes Päpste:* Leopold von Ranke (1795 – 1886), Historiker; sein Werk »Die römischen Päpste, ihre Kirche und ihr Staat im 16. und 17. Jh.« erschien 1834 – 36. – *Pyrrhussieg:* ein mit zu großen Opfern erkaufter Sieg (nach dem Sieg des griech. Königs Pyrrhos über die Römer bei Heraklea, 280 v. Chr.). – *Dünkirchen:* Stadt an der frz. Kanalküste; Hitler ließ dort 1940 das eingeschlossene brit. Expeditionskorps entkommen. – *modération dans la force:* hier Zurückhaltung.

S. 22 *Prinz-Albrecht-Straße:* Hauptquartier der Gestapo in Berlin.

S. 23 *Plötzensee:* Haftanstalt in Berlin, letzter Aufenthalt der von den NS-Sondergerichten und später vom Volksgerichtshof zum Tode Verurteilten. – *Otto Dibelius* (1880 – 1967): ev. Geistlicher, 1937 als Superintendent abgelöst, weil er Widerstand gegen Versuche des Staates angekündigt hatte, Macht »über die Seelen der Menschen« erlangen zu wollen. Nach 1945 Bischof der Ev. Kirche in Berlin-Brandenburg. – *Hermann Ehlers* (1904 – 1954): zunächst Richter, dann Verwaltungsjurist, seit 1934 Mitglied des Rates der Ev. Kirche der Altpreuß. Union, als Angehöriger der »Bekennenden Kirche« 1934 und 1937 verhaftet. Nach 1945 CDU-Politiker, ab 1950 Präsident des Bundestages. – *Pastor Niemöller,* Martin (1892 – 1984): ev. Geistlicher, führende Persönlichkeit des protestantischen Widerstandes, ab 1938 in KZs interniert.

S. 25 *KaDeWe:* Kaufhaus des Westens, Großkaufhaus in Berlin. – *Agent provocateur:* Lockspitzel. – *Graf Ledochowsky*: Wladimir, Graf von L. (1866 – 1942), seit 1915 Jesuitengeneral.

S. 27 *Otto Flake* (1880 – 1963): elsäss. Schriftsteller. – *Gottfried Benn* (1886 – 1956): Arzt und Schriftsteller, das Zitat stammt aus dem Gedichtszyklus »Der Arzt«. – *Riedinger*, Johann Elias (1698 – 1769): Maler und Radierer.

S. 28 *U. v. Hassell:* Ulrich von H. (1881 – 1944), Diplomat, 1932 – 37 Botschafter in Rom, an der Verschwörung des 20. Juli beteiligt und hingerichtet.

S. 30 *Carl. J.(akob) Burckhardt* (1891 – 1974): Schweizer Diplomat und Historiker.

S. 32 *»Abräumen« … große Sarg:* Varianten des Kegelspiels. Beim Abräumen hat jeder Spieler jeweils 2 Würfe, beim Sargkegeln werden die Verlustpunkte als Striche zum Piktogramm eines Sarges zusammengefügt. Ein kompletter »Sarg« läßt den Spieler als »tot« ausscheiden. – *ein Kranz:* Wurfergebnis, bei dem alle Kegel außer dem König gefallen sind.

S. 33 *»Im schönsten Wiesengrunde«:* beliebtes Lied nach dem Gedicht »Das stille Tal« von Wilhelm Ganzhorn (1818 – 1880), hier mit parodistisch veränderter 3. Zeile »Sie trugen einen Toten …« statt »da zog ich manche Stunde ins Tal hinaus«.

S. 35 *Monsignore Tiso:* Josef Tiso (1887 – 1947), 1938/39 Ministerpräsident der Slowakei. – *Hlinka-Garde:* paramilitärische Gruppe der katholischen Volkspartei Andrej Hlinkas, die am 23. 3. 1943 ein Kesseltreiben gegen die Preßburger Juden veranstaltete.

S. 36 *OKH:* Oberkommando des Heeres.

S. 37 *OKW:* Oberkommando der Wehrmacht. – *von Bülow,* Bernhard Wilhelm (1885 – 1936): Diplomat. – *General von Schulenburg:* gemeint ist wohl Friedrich Werner Graf v.d. Sch. (1875 – 1944), der 1934 – 1941 Botschafter in Moskau (aber nie General) war. – *von Bohlen:* Gustav Krupp von Bohlen und Halbach (1870 – 1950), bis 1943 Chef des Krupp-Konzerns.

S. 39 *Marschall Manstein:* Fritz Erich von Lewinski, genannt v. Manstein (1887 – 1973), Generalfeldmarschall; der hier erwähnte Armee-Befehl erging am 20. 11. 1941.

S. 40 *Reitlinger,* Gerald: »Die Endlösung«. Berlin 1956 (vgl. o., S. 14). – *Nebe,* Arthur: SS-Gruppenführer, Leiter der Kriminalpolizei, bis November 1941 Befehlshaber einer Einsatzgruppe in Rußland. 1945 hingerichtet wegen Verbindungen zur Verschwörung des 20. Juli.

S. 41 *Balzac,* Honoré de (1799 – 1850): frz. Schriftsteller. – *Molière* (1622 – 1673): frz. Schriftsteller. – *Abaelard* (1079 – 1142): Philosoph. – *Héloïse:* dessen Geliebte. – *Thorwaldsen,* Bertel (1770 – 1844): dän. Bildhauer. – *Proust,* Marcel (1871 – 1922): frz. Schriftsteller. – *Chopin,* Frédéric (1810 – 1849): poln. Komponist. – *Wilde,* Oscar (1854 – 1900): engl. Schriftsteller. – *Kassandra:* myth. Tochter des Priamos von Troja, Seherin, Unglückskünderin.

S. 43 *h-moll-Messe:* Oratorium von Joh. Seb. Bach, geschrieben 1734/35.

S. 44 *Kommissar-Befehl:* Befehl Hitlers vom 6. Juni 1940, gefangene sowjetische Polit-Offiziere, sog. »Kommissare«, bei Gefangennahme umzubringen.

S. 46 *IG Farben:* deutscher Chemie-Konzern. Nach Kriegsende von den Alliierten durch »Entflechtung« aufgelöst. – *Dr. Bruno Beger:* Hauptsturmführer, SS-Arzt, Mitarbeiter der SS-Forschungs- und Lehrgemeinschaft »Ahnenerbe«.

S. 48 *Flick, Röchling und die Union:* deutsche Stahlkonzerne. – *Donezbekke*(n): Tiefebene am Donez, einem Nebenfluß des Don, in der Sowjetunion.

S. 49 *Reichswerke Göring:* 1939 in Salzgitter-Watenstedt gegründete Dachgesellschaft für verschiedene Stahl- und Waffenfabriken, u. a. Rheinmetall, Steyr-Puch, Skoda.

S. 50 *Wilmersdorfer Straße:* im Berliner Bezirk Charlottenburg.

S. 51 *Zyklon B:* Markenname des Blausäurepräparats, das für die Massenermordung der Juden vor allem in Auschwitz eingesetzt wurde.

S. 52 *Hauptmann Wirth,* Christian: SS-Sturmbannführer, 1942/43 Leiter einer Organisation von vier Vernichtungslagern in Polen. – *Höß,* Rudolf (1900 – 1947): von 1940 – 1943 Lagerkommandant von Auschwitz.

S. 58 *Sauerbruch,* Ernst Ferdinand (1875 – 1951): bedeutender deutscher Chirurg dieser Zeit.

S. 59 *byronesk:* wild bewegt (nach dem engl. Dichter Lord Byron; 1770 – 1831). – *Hegel,* Georg Wilhelm Friedrich (1770 – 1824): Philosoph.

S. 60 *Otto Weininger* (1880 – 1903): österr. Schriftsteller. – *Sigmund Freud* (1856 – 1939): Begründer der Psychoanalyse.

S. 63 *Loyola,* Ignatius v. (1491 – 1556): Begründer des Jesuitenordens.

S. 67 *Edith Stein* (1891 – 1942): 1922 zum Katholizismus konvertierte Jüdin, Philosophin und Schriftstellerin, vermutlich in Auschwitz ermordet.

S. 69 *Thomas Mann* (1875 – 1955): Schriftsteller, er hielt ab 1940 regelmäßig Rundfunkansprachen (»Deutsche Hörer«) über die BBC.

S. 75 *Papen,* Franz von (1879 – 1969): ehem. Reichskanzler, nach der Machtergreifung Vizekanzler Hitlers, 1939 – 1944 Botschafter in Ankara. – *di spada e cappa:* mit Schwert und Mantel. – *Victor Emanuel III.* (1869 – 1947): von 1900 an italienischer König. – *Deszendenz:* Verwandtschaft in absteigender Linie.

S. 76 *Garibaldi,* Giuseppe (1807 – 1882): ital. Freiheitskämpfer in der Bewegung des sog. »Risorgimento«.

S. 78 *Dogma von der Himmelfahrt Mariens:* ist seit 1950 katholischer Glaubenssatz.

S. 87 *Bletia verecunda:* Orchideensorte (die »scheue« Bletia).

S. 89 *Stalingrad:* am 31. 1. 1943 kapitulierte die 6. deutsche Armee in St., 90 000 Soldaten unter ihrem Feldmarschall Paulus gerieten in Gefangenschaft.

S. 90 *Casablanca-Torheit:* Auf der Konferenz von C. (14. – 21.1.1943) formulierten Roosevelt und Churchill die Forderung nach der bedingungslosen Kapitulation Deutschlands. – *Cannae:* 216 v. Chr. siegte Hannibal bei C. über die Römer.

S. 91 *Raphaels-Verein:* St. R.-V. zum Schutz kath. dt. Auswanderer e.V., 1871 in Mainz gegründet. Während des 3. Reiches konnte der Verein vielen Verfolgten, auch sog. »Nichtariern«, zur Auswanderung verhelfen.

S. 92 *Peter:* P. I. (»der Große«) (1672 – 1725), ab 1689 Zar von Rußland. – *Katharina:* K. II. (»die Große«) (1729 – 1796), ab 1762 Zarin.

S. 94 *Bündnis mit Herrn Stalin:* deutsch-sowjetischer Nichtangriffspakt vom 23. 8. 1939. – *Alexander:* A. I. (1777 – 1825), ab 1801 Zar von Rußland.

S. 95 *Pogrome:* Ausschreitungen gegen nationale, religiöse, ethnische Gruppen.

S. 96 *Nero* (37 – 68): ab 54 römischer Kaiser. – *Parvenü:* Emporkömmling. – *Panem et circenses:* Brot und Spiele, vom röm. Dichter Juvenal geprägte Formel für die Wünsche der Massen. – *point d'honneur:* Ehrenstandpunkt. – *urbi et orbi:* der Stadt und dem Erdkreis, Formel des päpstlichen Segens. – *ex cathedra:* »vom Pult her«, d.h. in seiner Funktion als unfehlbarer Lehrer der Kirche.

S. 97 *einen der Vorgänger Hitlers:* Heinrich Brüning (1885 – 1970), 1930 – 32 Reichskanzler. – *Bruder Innitzer:* Kardinal Theodor Innitzer (1875 – 1955), seit 1932 Erzbischof von Wien. – *quantité négligeable:* Belanglosigkeit.

S. 98 *trait d'union:* eigentlich »Bindestrich«, hier: Verbindung. – *Wilhelmstraße:* Sitz des Reichsaußenministeriums.

S. 99 *specialità della casa:* Spezialität des Hauses.

S. 100 *Agrément:* Zustimmung einer Regierung zur Entsendung eines ausländischen Botschafters.

S. 101 *Bernini,* Lorenzo (1598 – 1680): ital. Bildhauer und Baumeister.

S. 103 *Katyn:* im Februar 1943 waren dort, in der Nähe von Smolensk, Massengräber mit den Leichen mehrerer tausend polnischer Offiziere gefunden worden, die offenbar nach der Besetzung Ostpolens durch die Sowjetunion 1939 ermordet worden waren. – *seinen eigenen Generalstab:* 1937 hatte Stalin einen großen Teil der militärischen Führung wegen »Landesverrats« anklagen und hinrichten lassen.

S. 105 *Volturno:* Fluß nördl. von Neapel.

S. 109 *Duce:* »Führer«, Mussolini.

S. 113 *Jonas:* der bibl. Prophet Jona, der (Jona 2, 1 – 11) drei Tage im Leib »eines großen Fisches« lebte.

S. 114 *exterritorial:* den Landesgesetzen nicht unterworfen (in der Regel nur Botschaften und Konsulate).

S. 115 *Campo Santo:* Friedhof. – *Anima:* die Kirche S. Maria dell'Anima, seelsorg. Mittelpunkt der deutschspr. kath. Gemeinde in Rom. – *»Osservatore* Romano«: offizielles Presseorgan des Vatikans.

S. 116 *Syndikus:* Rechtsbevollmächtigter. – *Graf Preysing:* Konrad Graf von Pr. (1880 – 1950), seit 1935 Bischof von Berlin, 1946 Kardinal.

S. 119 *Caulaincourt:* Armand Graf v. C. (1773 – 1827), 1813 – 15 Napoleons Außenminister.

S. 121 *Im September ...:* vom 7. bis 12. September 1943 (»Plötzenseer Blutnächte«) erfolgten dort 294 Hinrichtungen.

S. 123 *Termini:* Roms Hauptbahnhof.

S. 125 *Alexander IV.:* Renaissance-Papst (1492 – 1503) aus der Familie der Borgia, berüchtigt wegen zahlreicher Verbrechen und Morde.

S. 126 *Pontifex Maximus:* oberster Priester im antiken Rom, die Bezeichnung wurde als Titel des Papstes übernommen.

S. 132 *Salvatorianer:* Mönchsorden (Erlöserorden). – *Kappler,* Hubert: SS-Obergruppenführer, Befehlshaber der Sicherheitspolizei in Rom. 1947 zu lebenslanger Haft verurteilt, 1977 in die Bundesrepublik geflohen und bald danach gestorben.

S. 133 *Badoglio,* Pietro (1871 – 1956): nach dem Sturz Mussolinis (25. 7. 1943) bis 1944 italienischer Ministerpräsident.

S. 139 *Via Appia:* nördl. Ausfallstraße in Rom.

S. 140 *Graf Ciano:* Galeazzo Ciano di Cortellazzo (1903 – 1944), von 1936 – 1943 ital. Außenminister, 1943 Botschafter beim Vatikan, 1944 von einem Sondergericht Mussolinis zum Tode verurteilt.

S. 142 *»Stürmer«:* antisemitische Hetzzeitschrift von Julius Streicher, erschien seit 1923.

S. 143 *Isonzo:* Fluß in Tirol, im 1. Weltkrieg lange Zeit Frontlinie zw. Österreich und Italien.

S. 146 *in Posen, am 4. Oktober:* Himmlers Rede von 1943 vor höheren SS-Offizieren. Die hier erwähnte Passage lautet wörtlich: »Von Euch werden die meisten wissen, was es heißt, wenn 100 Leichen beisammenliegen, wenn 500 daliegen oder wenn 1000 daliegen. Dies durchgehalten zu haben und dabei – abgesehen von Ausnahmen menschlicher Schwächen – anständig geblieben zu sein, das hat uns hart gemacht. Das ist ein niemals geschriebenes und niemals zu schreibendes Ruhmesblatt unserer Geschichte.«

S. 147 *Kesselring,* Albert (1885 – 1960): Generalfeldmarschall, seit 1941 Oberbefehlshaber Südwest (Italien und Mittelmeer).

S. 148 *Blobel,* Paul: SS-Standartenführer, Befehlshaber eines der zur Judenvernichtung in der Sowjetunion gebildeten Sonderkommandos, z. B. für die Massaker unter den Kiewer Juden 1941 verantwortlich, von 1942 – 1944 Leiter der hier erwähnten Exhumierungsaktion, 1951 in Polen hingerichtet.

S. 154 *Il Gran Rifiuto:* Die große Verweigerung. – *Dante,* Alighieri (1265 – 1321): ital. Dichter. – *Inferno:* erster Teil seines großen Werkes »Divina commedia« (Die Göttliche Komödie).

S. 155 *von brennender Sorge ...:* Einleitungsworte der Enzyklika (öffentl. Stellungnahme des Hl. Stuhls) Papst Pius' XI. vom 14. 3. 1937, die im wesentlichen von Eugenio Pacelli verfaßt wurde und die Kirchenpolitik des NS-Staates kritisiert.

S. 156 *San Lorenzo* in miranda: Kirche in Rom.

S. 157 *Bruder Spellman*, Francis Joseph (1889 – 1967): seit 1939 Bischof von New York und Militärbischof.

S. 158 *Almadén:* Bergwerkstadt in Kastilien.

S. 159 *Mr. Taylor:* Sonderbotschafter Roosevelts beim Vatikan während des Krieges.

S. 160 *Bischof Hudal:* Rektor der deutschen katholischen Kirche in Rom.

S. 161 *ad maiora mala vitanda:* um Schlimmeres zu verhindern.

S. 164 *von Kessel,* Albrecht (geb. 1902): dt. Diplomat, Mitarbeiter v. Weizsäkkers in der deutschen Botschaft in Rom. Äußerte sich 1963 im »Stellvertreter«-Streit (vgl. Summa, S. 167 ff.).

S. 166 *Castelgandolfo:* Sommersitz der Päpste am Albaner See. – *Ferrero,* Guglielmo (1871 – 1942): ital. Historiker.

S. 167 *Talleyrand,* Charles Maurice (1764 – 1838): Außenminister Napoleons und Ludwigs XVIII.

S. 168 *Tilsiter Friede:* zwischen Napoleon und dem geschlagenen Preußen. – *barbare de génie:* genialer Barbar.

S. 169 *Philipp II.* (1527 – 1598): seit 1556 König von Spanien. – *Innozenz* XII.: Papst von 1676 – 1689.

S. 170 *Präraffaeliten:* 1848 gegründete englische Künstlergruppe, die ihre religiöse Kunst an den Vorgängern Raffaels orientierte.

S. 176 *Non possumus:* wir können das nicht. – *Sottisen:* Schmähreden. – *Summa iniuria:* das höchste Unrecht.

S. 177 *»Die hagere und hohe Gestalt ...«:* Zitat aus Kardinal Tardinis Pius-Biographie, s. dort S. 85. – *Exsurge, Domine:* Steh auf, Herr, hilf uns, befreie uns in Deinem Namen, möge Dein Segen immer über uns sein (Psalm 44, 26).

S. 178 *Celan,* Paul (1920 – 1970): Dichter dt.-rumän. Herkunft, dessen Eltern im KZ starben. – *»Todesfuge«:* Gedicht Celans, 1948 in dem Band »Der Sand aus den Urnen« veröffentlicht.

S. 181 *San Giovanni:* die Lateranskirche in Rom. – *Orpheus:* myth. Sänger, der seine verstorbene Frau *Eurydike* aus dem *Hades,* dem Totenreich, zurückzuholen versuchte. – *Styx:* Grenzfluß zum Hades. – *Ostia:* der Rom am nächsten gelegene Badeort.

S. 183 *Hans Leip* (1893 – 1983): Schriftsteller.

S. 184 *Julius Streicher* (1885 – 1946): Gründer und Herausgeber des »Stürmer«, 1935 – 1940 Gauleiter von Franken.

S. 194 *Buna:* Chemiewerk (synth. Kautschuk) der IG Farben bei Schkopau (Sachsen), im Mai 1942 wurde eine Fabrik in Auschwitz-Monowitz eröffnet.

S. 197 *Valéry,* Paul (1871 – 1945): frz. Schriftsteller.

S. 198 *Stendhal* (1783 – 1842): frz. Schriftsteller. – *Virchow,* Rudolf (1821 – 1902): Arzt. – *Credo quia absurdum est:* ich glaube (gerade), weil es widersinnig ist. – *Theodizee:* Rechtfertigung Gottes vor dem Übel in der Welt.

S. 199 *Heydrich war Jude:* ein während der Nazizeit kolportiertes Gerücht. – *Thomas von Aquin* (um 1225 – 1274): ital. Philosoph.

S. 201 *Nietzsche,* Friedrich (1844 – 1900): Philosoph.

S. 202 *Habent sua fata divini:* die Propheten haben ihre Schicksale. – *Bultmann,* Rudolf (1884 – 1976): protest. Theologe.

S. 206 *Kraft durch Schönheit:* ironische Abwandlung von »Kraft durch Freude«, der NS-Freizeitorganisation.

S. 209 *Kaltenbrunner,* Ernst (1903 – 1946): Chef der Sicherheitspolizei und des Reichssicherheitshauptamtes.

S. 210 *Ley,* Robert (1890 – 1945): Leiter der sog. »Deutschen Arbeitsfront«.

S. 215 *Äserweg:* Aasweg.

S. 220 *Laubhüttenfest:* jüdischer Feiertag, hier zynische Umschreibung der Liquidierung römischer Juden.

S. 222 *Imbezillität:* Schwachsinn. – *testes veritatis:* Zeugen der Wahrheit.

S. 223 *Exerzitien:* »exercitia spiritualia« (»Geistliche Übungen«) von Ignatius von Loyola, erschienen 1548, enthalten Regeln und Anleitungen für geistliche Erzieher. – *»Ich schaue mit den Augen ...«:* Zitat aus den Exerzitien, 5. Übung (»Betrachtung über die Hölle«).

S. 226 *In hora mortis meae voca me:* In der Stunde meines Todes rufe mich. Vers aus dem ma. Gebet »Anima Christi, sanctifica me« (Seele Christi, heilige mich).

3 Struktur des Textes

3.1 Ein christliches Trauerspiel

Diesen Untertitel des *Stellvertreters* könnte man ironisch verstehen als Hinweis auf ein »Trauerspiel« christlichen Verhaltens. Er ist vom Autor aber durchaus ernst gemeint als Gattungsbezeichnung. Die Titulierung der fünf Akte – »Der Auftrag», »Die Glocken von St. Peter«, »Die Heimsuchung«, »Il Gran Rifiuto«, »Auschwitz oder die Frage nach Gott« – bekräftigt nicht nur die allgemein christliche Thematik, sondern die Anspielung an die vita Christi (Auftrag, Heimsuchung, »Gott, mein Gott, warum hast du mich verlassen?«) macht deutlich, daß Hochhuth die zentrale Forderung des Christentums ernst nimmt: die Ausrichtung menschlichen Handelns auf Gebot und Beispiel Christi.

Das christliche Trauerspiel des Barock kannte nicht den Konflikt der Tragödie, der den Helden schuldlos schuldig werden läßt im Zwang der Entscheidung zwischen gleichrangigen, sich aber widersprechenden Werten (Pflicht – Neigung, Familienbindung – Staatsraison etc.). Die Märtyrer in den Trauerspielen etwa eines Gryphius oder Lohenstein unterliegen Schicksalsmächten. Im Martyrium bewahren sie ihre eigene Schuldlosigkeit und retten zugleich das Christentum. Sie wiederholen als Märtyrer stellvertretend die Rolle Christi.

Aus der Sicht Hochhuths ergaben Selbstverständnis und Rollendefinition der Päpste generell und die besondere Situation Pius' XII. ein Muster, das in Form und Inhalt der Gattungstradition des christlichen Trauerspiels entsprach:

»Einmal, Vater, kommt sie doch, die Rückkehr
des Stellvertreters Christi ins Martyrium.« (85)

Dies ist »Der Auftrag«, wie der erste Akt des Stückes als Exposition zutreffend überschrieben ist; »der große Auftrag« – dieser Begriff fällt im 3. Gesang von Dantes *Göttlicher Komödie* in einer Passage, die Hochhuth als Motto für den zentralen vierten Akt seines Trauerspiels in der deutschen Übersetzung Karl Vosslers zitiert (154):

»Schon hatt ich den und jenen auch erkannt,
als ich von *dem* den Schatten sah und kannte,
der feig den großen Auftrag von sich wies.«

Im italienischen Original lautet die letzte Zeile:

»Che sece per viltate il gran rifiuto«
(der aus Feigheit die große Verweigerung begangen hat)

Hochhuth benötigte beide Begriffe (Auftrag und Verweigerung), weshalb er für die Überschrift das italienische Original stehenließ. Dante, der ja fast alle Päpste in die Hölle seiner *Divina Commedia* verbannte, meinte hier (höchstwahrscheinlich, wenn man sich auch nicht völlig sicher ist) den Papst Coelestin V., der 1294 die päpstliche Würde freiwillig niederlegte. Coelestin wurde heiliggesprochen, und dennoch verbannte ihn der Dichter ins Inferno. Das wirft auf Hochhuths Sicht von Pius XII. wie auch auf sein eigenes Selbstverständnis als Schriftsteller ein bezeichnendes Licht.

Der nachdrückliche Hinweis auf das Dantesche Urteil, auf das der Leser des Stükkes durch Motto und Überschrift des vierten Aktes gleich zweifach aufmerksam gemacht wird, bestätigt die dem *Stellvertreter* vorangestellte Gattungsbezeichnung auch inhaltlich. Das Auftreten des Teufels in Gestalt des Doktors ist danach nur eine konsequente Weiterführung von Eigentümlichkeiten der Gattung, ist ein traditionelles Element, wie auch verschiedene formale »Besonderheiten« gar keine sind: traditionelle Fünf-Akt-Form, Verwendung des Verses etc.

Daß all dies als Absonderlichkeit irritiert hat, liegt daran, daß dieses christliche Trauerspiel nicht einen legendären oder mythischen Stoff behandelt, sondern daß es Zeitgeschichte thematisiert. Man hat nicht zu Unrecht vom »Doppelcharakter des Stückes« gesprochen, »das ein historisches Drama mit historischen Personen ist und das doch einen rein theologischen Kern hat« (Willy Haas in: Der Streit, S. 28). Dieser Doppelcharakter ist aber kein dramaturgischer Kunstgriff zur Verfremdung und Distanz – wie etwa bei dem »Oratorium« von Peter Weiss über den Auschwitz-Prozeß *(Die Ermittlung)* –, sondern Konsequenz des Hochhuthschen Geschichtsbildes. Die Irritation mancher Leser und Zuschauer hat ihren Grund auch weniger im Stück als in den durch die Theatergeschichte der letzten 200 Jahre geformten Rezeptionsgewohnheiten, denen das christliche Trauerspiel nicht entspricht. Die von jedermann erlebte Zwiespältigkeit hat ihren Grund nicht in einem eventuellen Widerspruch zwischen traditioneller Form und zeitgeschichtlichem Inhalt, sondern in der Figur des »Stellvertreters«, die im Stück in zweifacher Hinsicht aus der Rolle fällt: als historische Person gegenüber einer geschichtlichen Verantwortung und als Christ gegenüber göttlicher Verpflichtung. So wie in der Funktion des Papstes als Stellvertreter Christi beide Rollen zusammenfallen, wird das Versagen des Oberhauptes der Kirche auch zum Versagen des Repräsentanten eines Weltbildes, für welches das »christliche Trauerspiel« ein literarisches Modell darstellt.

Umgekehrt bildet sich die Nichterfüllung historisch-moralischer wie christlicher Verpflichtung als Verstoß gegen die Regeln des dramatischen Modells ab: Die »große Verweigerung« ist somit inhaltlicher wie dramaturgischer Höhe- und Wendepunkt des Stückes. Anders als die schuldlosen Märtyrer der durchgeführten christlichen Trauerspiele wird der Papst hier schuldig durch die »große Verweigerung«, einen ernsthaften Versuch zur Rettung der Juden zu unternehmen. Der Papst hat geschwiegen. Sein Schweigen bzw. seine dem Schweigen gleichkommende verklausulierte Stellungnahme ist historisch verbürgtes Faktum; Rechtfertigungen dafür sind denkbar, die Debatte um das Stück hat zahlreiche produziert. Gegenüber dem moralischen Anspruch, der das christliche Trauerspiel einst bedingte, vermag keine dieser Rechtfertigungen zu bestehen. Das kann am eventuell falsch gewählten Modell liegen – immerhin: das christliche Trauerspiel reflektiert nichts als die Tradition der Kirche, an deren Spitze der Stellvertreter Christi steht. Aus dem Blickwinkel dieser Tradition betrachtet das Stück die historischen Fakten. Das hat nichts mehr zu tun mit den Mythisierungstendenzen der unmittelbaren Nachkriegsdramatik. Hochhuth, selbst alles andere als ein »christlicher Autor«, läßt sich mit dem *Stellvertreter* nur uneingeschränkt ein auf das Selbstverständnis vor allem des katholischen Christentums.

3.2 Erster Akt – »Der Auftrag«

Die *erste Szene* des Stückes formuliert mit den Worten Gersteins, »Der *Vatikan* muß helfen, Exzellenz!/ Nur er allein/ kann hier noch helfen, helfen Sie!« (23), den Inhalt des »Auftrages«. Die Szene spielt im August 1942, der Besuch Gersteins in der Nuntiatur ist verbürgt. Die »Endlösung« war im Januar 1942 auf der Wannsee-Konferenz beschlossen und von Heydrich projektiert worden. Nach dessen Tod im Juni liefen die Massendeportationen nach Auschwitz an. Gersteins Worte mit dem gestischen Hinweis auf das Bild Christi, »*Der* fühlte sich zuständig, Exzellenz –/ sein Stellvertreter nicht?« (25), deutet auf die geradezu metaphysische Qualität des »Auftrages«. So eindringlich sind die Formulierungen Gersteins, daß selbst der in den Szenenanweisungen geradezu vernichtend charakterisierte Nuntius *»voll echter Anteilnahme, sehr bewegt, aber hilflos«* (25) ist. Er vermag aber, und das weist voraus auf den 4. Akt, bei allem Erschrecken über das fürchterliche Detail, die Judenmorde nur aus seiner diplomatischen Funktion heraus zu werten: »mir [ist] auferlegt von Amtes wegen/ Konfliktstoff zwischen Rom und Ihrer/ Reichsregierung sorgsam zu meiden« (26).

Wie unangemessen gerade dieses diplomatische Verhalten ist, verdeutlicht die *zweite Szene:*

Die urbürgerliche Kegelrunde im spießig »gemütlichen« Jägerkeller entspricht zwar so gar nicht dem poetisch gestalteten Grauen der Danteschen Gesänge. Und doch steigert gerade diese Umgebung und die darin vordergründig sich produzierende Biederkeit die Widerwärtigkeit dieser Versammlung. Dort sind mit Eichmann, dem *»fleißigsten Spediteur* [...] *des Todes«* (28) und dem Schädelsammler August Hirt zwei historische Personen aus dem »Endlösungs«-Apparat beieinander. Aber sie sind, als *»freundlicher Pedant«* und *»zynisch-gemütliche* [*r*]*«* Zecher, Typen, ebenso wie die in dieser Szene auftretenden fiktiven Industriellen, Militärs und SS-Leute ausdrücklich als Typen gezeichnet sind. Ein *»Spießerklub«* (29) repräsentiert Banalität, die aber die Banalität des Bösen ist; denn als *»geheime* [*r*] *Regisseur«* steht unter und hinter ihnen die Gestalt des Doktors.
Hier ist ausdrücklich nicht der berüchtigte Dr. Mengele porträtiert, sondern Hochhuth erklärt, *»daß hier eine uralte Figur des Theaters und des christlichen Mysterienspiels die Bühne wieder betreten«* (30) hat. Hier steht buchstäblich der Teufel auf der Bühne. Der Doktor hat *»das Format des absolut Bösen, viel eindeutiger als Hitler«* (29). Er ist trotz Verankerung in der Realität von Auschwitz Kunstfigur, Verkörperung des Prinzips, nach dem die anderen Figuren dieser Kegelrunde unreflektiert, pedantisch, gehorsam handeln. Deren Bürokratenspra-

che (Eichmann, Rutta) ist, da hier über Menschenleben verfügt wird, sicherlich in gesteigertem Maße grauenerregend.
Aber selbst ein Dr. Hirt bleibt bloßer »Verbrecher« im Vergleich zu dieser Gestalt, die ihr »Meister« und dabei ausdrücklich »eine mythische Figur« ist. Seine *»wüste Lästerung Christi«* (41) in einem blasphemischen Couplet produziert er zwar *»Nur Rutta ›zuliebe‹ «*, tatsächlich ist dies aber die Herausforderung, die den »Auftrag« für den »Stellvertreter Christi« in die richtige Dimension rückt. Hier wird nicht das historisch reale Verbrechertum der Nationalsozialisten im zeitlos Bösen aufgehoben, keineswegs Geschichte mythisiert – es ist ja auch nicht, wie in vielen Nachkriegsstücken solcher Tendenz, Hitler der Teufel –, die mythische Figur illustriert die Situation des christlichen Trauerspiels und weist damit auf den moralischen Bezugsrahmen, in den der Stellvertreter gesetzt ist.

Die *dritte Szene* zeigt, wie schon die erste, daß die wirkliche Konfrontation mit dem Naziterror jeden, auch jeden katholischen Geistlichen, davon überzeugt, daß gehandelt werden, konkret: daß der Papst handeln, seine Stimme erheben muß. Hier ist es Riccardo, der sich sicher glaubt: »Ich *garantiere* Ihnen, Herr Gerstein,/ daß Seine Heiligkeit Protest erheben wird« (61). Mit dieser Garantie beginnt bereits die Rolle Riccardos als Stellvertreter des »Stellvertreters«. Im übrigen wird in dieser Szene die Teufelsrolle des Doktors – »Todesengel von Auschwitz« (63) – bestätigt, Gersteins Selbstverständnis als »Spion Gottes« (66) durch Einzelheiten seiner Arbeit verdeutlicht und auch Riccardos Lebenslauf und sein Charakter näher dargestellt. Zur Entwicklung und Vertiefung der zentralen These des Stükkes trägt dies gleichwohl nichts bei. Die Szene ist eher dramaturgische Konstruktion: Es werden Personen, Motive und Handlungselemente eingeführt, die im weiteren Verlauf des Stückes benötigt werden – die Figur des Juden Jacobson, sein Paß- und Kleidertausch mit Riccardo, die besondere Beziehung des Doktors zu Gerstein etc.

3.3 Zweiter Akt – »Die Glocken von St. Peter«

Das Glockengeläut des Petersdoms begleitet etwa die Hälfte der einzigen Szene dieses Aktes. Es ist nicht, wie in der literarischenen Konvention, Mahnruf oder Ansporn. Hier wird *»mächtig geläutet«* (75) zu einem bloßen, noch dazu »Sehr ermüdende[n] Zeremoniell« (78), einem vorbereitenden Ritual für das zu etablierende Dogma von der leiblichen Himmelfahrt Mariä. Das Läuten wird *»leiser«* vor der Frage Riccardos, »*Wer* will uns als/ moralische Instanz noch jemals respektieren,/ wenn wir heute so jämmerlich versagen?« (80), und es verstummt vor dem Vorwurf »Ein Stellvertreter Christi, der *das*/ vor Augen hat und dennoch schweigt, aus Staatsräson,/ [...] ein solcher Papst/ ist... ein Verbrecher« (83). Die Glocken begleiten symbolisch, was der Dialog geradezu brutal dokumentiert: den Kontrast zwischen existenziellem »Auftrag« und der »Staatsräson«, aus deren Sicht die moralische, die eigentlich christliche Empörung Riccardos als »einseitig menschlich, mitleidig und zeitgenössisch« (84) erscheinen muß.

Im zweiten Akt ist Riccardo zeitlich und räumlich dem Höhepunkt des Stückes nähergerückt, und mit dieser Nähe wachsen auch seine Schwierigkeiten, den »Auftrag« zu vermitteln. Sein eigener Vater agiert und reagiert als *»apostolische* [*r*] *Geheimkämmerer«* (75), der Kardinal, der dazukommt, als *»geölter, sogar unbedenklicher Diplomat«* (86). Das bereitet den Auftritt des Papstes selbst vor und kennzeichnet sein Verhalten im voraus: »Der *große* Diplomat Pacelli« (96). Zugleich nimmt Hochhuth hier einen großen Teil der Argumentation selbst vorweg, die seine Kritiker dann zur Rechtfertigung des Papstes verwenden sollten, zugespitzt zumal in der Frage des Kardinals: »Garantieren *Sie*, daß Drohungen die Lage/ *wirklich nicht* verschärfen?« (98) Kein Zweifel, daß manche der Argumente des Kardinals und Fontanas für sich genommen plausibel sind, aber dieser scheinbaren Fairneß Hochhuths wird ebenso berechtigt entgegengehalten, daß vor allem der Kardinal eine Karikatur ist. Die Charakterisierung in den Szenenanweisungen (86 f.) gibt diesem Vorwurf recht. Dabei erscheint diese Form der Satire unnötig; denn vor dem Anspruch des vom christlichen Trauerspiel formulierten »großen Auftrages« *kann kein* auch noch so gut durchdachtes Argument bestehen!
Hochhuth versucht natürlich, nicht nur seine Anklage zu formulieren und zu verbildlichen, er sucht zugleich nach Motiven für das Verhalten der »Angeklagten«. Das ist aus dramaturgischer Sicht zwar notwendig, denn Handlungsmotive *müssen* im Drama deutlich werden, es schafft in diesem Fall aber (falsche!) Angriffspunkte der Kritik, indem natürlich seit der Uraufführung fast ausschließlich über die *Motive* von Papst und Kurie gestritten wird. Riccardo spricht in dieser Szene Hochhuths These aus, daß es gegenüber dieser »Feuerprobe« (80) der Geschichte kein diplomatisches Verhalten, sondern – wenn nötig – nur »die Rückkehr/ des Stellvertreters Christi ins Martyrium« gäbe (85). Diese These gerät aber durch den Begründungsversuch in Gefahr unterzugehen in dem Streit darüber, ob die Gründe zutreffend dargestellt sind.

3.4 Dritter Akt – »Die Heimsuchung«

Die Versuche Gersteins und Riccardos, den Papst durch präzise Informationen über die Judenausrottung zum Handeln zu bewegen, sind fehlgeschlagen. Acht Monate sind vergangen, in denen die Krematorien in Auschwitz und den anderen Vernichtungslagern auf Hochtouren gearbeitet haben. Hier nun spielt sich der als »Heimsuchung« gekennzeichnete Vorgang *»sozusagen unter den Fenstern des Papstes«* (101) ab. Am Beispiel einer römischen jüdischen Familie wird das Leid der Opfer *(erste Szene)* ebenso individualisiert wie die unterschiedlichen Verhaltensweisen der Schergen *(dritte Szene)*.

Nicht nur formal im Zentrum dieses dritten Aktes steht die *zweite Szene:*
Das Klosterversteck bei den Salvatorianern zeigt die von Hochhuth ja nicht übersehenen Bemühungen kirchlicher Institutionen zur Rettung von Juden. Vor allem aber wird hier der Kardinal mit der »Heimsuchung« konfrontiert, und selbst er ist jetzt der Ansicht, daß der Papst handeln wird: »[...] nun/*zwingt* ihr den Papst,

nicht wahr,/ von den Verbrechen öffentlich/ Kenntnis zu nehmen« (117). Riccardo – und das mag den Eindruck gar zu häufiger Vorausdeutungen bestärken – ist sich »*So* sicher nicht« (122). Vorausdeutungen sollen aber ein eigentlich unerwartetes Ereignis vorbereiten, während doch der Schluß des Stückes durch die Geschichte jederzeit bekannt ist. Tatsächlich wird hier auch nicht vorausgedeutet, sondern – die Anklage verstärkend – *hingewiesen* auf das Verhalten des Papstes, zumal in der Szene abgewogen wird zwischen den beiden Möglichkeiten Riccardos, stellvertretend für den »Stellvertreter« zu handeln, was aus der Situation des christlichen Trauerspiels heraus unumgänglich werden wird, denn:

»das Schweigen des Papstes zugunsten der Mörder
bürdet der Kirche eine Schuld auf,
die wir sühnen müssen.
Und da der Papst, doch auch nur ein Mensch,
auf Erden sogar *Gott* vertreten kann:
[...]
so wird ein armer Priester ja zur Not
auch den Papst vertreten können« (124)

Man könnte den Papst durch Mord in die Rolle des Märtyrers zwingen, die er selbst zu übernehmen nicht bereit ist, und der SS die Schuld zuschieben, um so die Juden zu retten, oder – und das ist nun tatsächlich vorausdeutend – er, Riccardo, könnte mit den Juden nach Auschwitz gehen.

Die *dritte Szene* dokumentiert mit der Brutalität der Gestapo zugleich deren Angst vor der möglichen Reaktion der Kurie gegen die Judenverschleppungen. Mit der dem Gestapochef übermittelten Drohung des Bischofs Hudal, der Papst werde protestieren, ist die Szene bereitet für den Auftritt des »Stellvertreters« selbst.

3.5 Vierter Akt – »Il Gran Rifiuto«

Dieser Akt ist der kürzeste des Stückes, aber er ist auch der dichteste: Hier konzentriert sich Hochhuths These von der Schuld des Papstes im Versagen gegenüber einem schicksalhaften »Auftrag«.

Die Szenenanweisungen dokumentieren den Versuch, die Anklage nicht zu einer auf das Individuum Eugenio Pacelli zielenden Invektive werden zu lassen (*»Der Schauspieler, der Pacelli gibt, soll bedenken, daß Seine Heiligkeit viel weniger Person als Institution ist«* [155]). Gleichwohl ist auch der Pius des Stückes natürlich ein Abbild der konkreten historischen Figur und damit Person, deren Handlungen, wenn man sie (mit Hochhuth) als Versagen begreift, sich auch als persönliche Schwäche äußern müssen. Hinzu kommt das Problem, daß gerade dieser Akt völlig Fiktion ist, daß Hochhuth (mit Ausnahme der ironisch verfremdeten Eingangsworte aus der päpstlichen Enzyklika von 1937 – »mit brennender Sorge« [155] – sowie des Artikels im Osservatore Romano vom 25. Oktober 1943) nicht auf authentische Texte zurückgreifen kann. Die »große Verweigerung« muß sich auf der Bühne aber aus dem Dialog ergeben, kann nicht etwa durch das bloße Zitat des päpstlichen Artikels plausibel gemacht werden, wie es in einem historischen Traktat (wie etwa den *Historischen Streiflichtern*) möglich, ja geboten wäre. In der szenischen Aufbereitung kommt so zwangsläufig wieder Begründung und Motivation ins Spiel, die sich – anders als das historische Faktum selbst – nicht beweisen lassen. So sehr Hochhuth in den *Streiflichtern* sich auch bemüht, die fiktiven Äußerungen des Papstes in diesem Akt aus historischem Material heraus plausibel zu machen, schafft er doch hier selbst – zwangsläufig, wie schon in der Kardinalsszene des zweiten Aktes – die Ansatzpunkte zu einer Kritik, die sich dann nur zu gern auf diesen Bereich beschränkte, um so einer Auseinandersetzung mit der eigentlichen These des Stücks, dem Kern des »christlichen Trauerspiels«, zu entgehen: daß die Verweigerung des Papstes, dem »Auftrag« nachzukommen, ein Versagen in solcher Dimension bedeutet, daß vor ihr *jede* Begründung als Ausflucht dastehen muß.

Es gibt Partien in diesem Akt, die im Sinne der zitierten Szenenanweisung frei sind von jeder Personalsatire: so, wenn der Papst *»voller Güte, spontan, herzlich«* sich hinter die Rettungsaktionen kirchlicher Hilfsorganisationen stellt (159), wenn er betont, »Niemand soll sagen, Wir hätten das Gesetz der Liebe/ politischem Kalkül geopfert – nein!« (170) (wenn auch hierbei natürlich wieder Ironie spürbar wird). Die Versuche des Papstes, Nutzen und Risiko abzuwägen – »Wenn wir schweigen, lieber Graf,/ so schweigen wir *auch*/ ad maiora mala vitanda« (161) –, gehören hierher – Argumente, die in der Diskussion über das Stück dann alle wieder auftauchen, was Hochhuths These noch zusätzlich bekräftigt: Die Staatsräson war angesichts der Herausforderung nicht relevant; der Papst war Diplomat und damit der Größe seines Amtes als Stellvertreter Christi in dieser Situation nicht gewachsen. Auf diese Aussage kam es in diesem »christlichen Trauerspiel« an, und der Autor hätte es damit bewenden lassen können. Hochhuth aber geht weiter, indem er, nach Erklärungen offenbar suchend, den Vorwurf der Charakterschwäche hinzufügt. Dieser Pius weicht aus (163), gibt sich täuschend den Anschein, er habe *»nie etwas anderes vorgehabt«*, als öffentlich zu protestieren (170), er stellt zynisch die Kapitalinteressen der Kirche über seine Pflicht als Christ, und das auch noch, während er seine Stellungnahme diktiert (172). Dies alles gibt der Bühnenfigur des Papstes satirische Züge, die, auch wenn das paradox erscheinen mag, das Gewicht der Anklage mindern: Der Leser oder Zuschauer kann sich mit einem erleichternden »so war er doch wohl in Wirklichkeit nicht« aus der Betroffenheit stehlen – und die Apologeten des Papstes haben genau das getan.

Die problematische Zweigleisigkeit der Anklage ist bis zum Ende des vierten Aktes durchgehalten: In dem »Non possumus« (176) des Papstes mit seiner politischen Begründung dokumentiert sich Konsistenz und Überzeugung, eine nachvollziehbare innere Logik, die aber weit unterhalb der Ebene liegt, auf der die Aufgaben des Papstes im allgemeinen und der »große Auftrag« im besonderen definiert sind. Es ist dieser Abstand, der aus dem eventuellen Irrtum des Papstes, seiner möglichen politischen Fehleinschätzung, den »Gran Rifiuto« im Danteschen Sinne macht.

Der Rat des Papstes – »Wie die Blumen/ [...] des Landes unter der dicken Schneedecke des Winters/ auf die lauen Lüfte des Frühlings warten,/ müssen die *Juden* betend und vertrauend/ zu harren wissen der Stunde/ himmlischer Tröstungen« (177) –, schon in seiner authentischen, an die Polen gerichteten Fassung (vgl. *Historische Streiflichter* [278]) kaum zu begreifen, erweckt jedoch mit seinem durch die Hochhuthsche Verfremdung gesteigerten Zynismus den Eindruck, der Papst habe sich nicht einmal im Irrtum befunden. Seine Schlußworte, »wer wüßte das besser als Wir,/ Vater sein: eine Krone von Dornen« (177), könnten danach verstanden werden als Eingeständnis seines Versagens.
Riccardo verläßt noch vor diesem Schlußwort die Szene. Seine eigenen Abgangsworte enthalten aber gleichfalls die beschriebene Zwiespältigkeit der Anklage:

»Gott soll die Kirche nicht verderben,
nur weil ein Papst sich seinem Ruf entzieht.« (176)

Gilt das dem »Diplomaten« Pacelli oder dem »Verbrecher«, als den Riccardo ihn im zweiten Akt bezeichnet hat (83)?
Dante verbannt den Papst des »gran rifiuto« ins Inferno unter die Lauen, die »armen Seelen, die ihr Leben lang/ sich weder Ruhm noch Schmach verdienen konnten«. Das gilt Coelestin und nicht etwa Alexander VI., dem Borgia-Papst, mit dem Riccardo (125) Pius ebenfalls vergleicht – obwohl die Situation des »christlichen Trauerspiels« gerade diesen nicht erwarten läßt.
Dennoch ist dieser Zwiespalt im Stück von vorneherein angelegt, und er tritt auch im »grandiosen fünften Akt hervor«, mit dem, wie Walter Muschg zu Recht schrieb, das »Stück steht und fällt« (S. 297).

3.6 Fünfter Akt – »Auschwitz oder Die Frage nach Gott«

»Der Schlußakt des ›*Stellvertreters*‹ ist immerhin so, daß die Regisseure zögern, ihn dem Publikum zuzumuten. Auschwitz erscheint hier, wenn auch nur schattenhaft, als die Hölle, die es war, und der Doktor tritt darin als der Teufel auf, wie er heute aussieht, im Rahmen eines modernen Mysterienspiels, das zwischen Satan und Gott ausgespannt ist.« (Muschg, ebd.)
Die wichtige Funktion dieses Schlußaktes ist mit Muschgs Bemerkung zutreffend beschrieben. Das christliche Trauerspiel ist mit der »großen Verweigerung« noch nicht ans Ende gelangt – nach den Gesetzen der Gattung ebensowenig wie nach dem Verlauf der Geschichte. Der diplomatisch-staatsmännischen Einschätzung der Situation durch den Papst wird noch einmal die eigentliche Dimension des »Auftrages« gegenübergestellt: *»Eine so überhöhte Figur wie der Doktor* [...], *die Monologe und anderes mehr machen deutlich, daß die Nachahmung der Wirklichkeit nicht angestrebt wurde* [...] *Metaphern verstecken nun einmal den höllischen Zynismus dieser Realität, die in sich ja schon maßlos übersteigerte Wirklichkeit ist«* (178 f.).
Die Monologe, die Hochhuth hier auch hervorhebt, machen zwar durchaus »in poetischer Überhöhung [...] das Grauen von Auschwitz [...] als individuell

menschliches Leiden überaus eindringlich spürbar« (Taëni, S. 44 f.), in erster Linie aber stellen »Der Alte«, »Die Frau« und »Das Mädchen« die »Frage nach Gott«, formulieren damit das in der Überschrift genannte Thema des Schlußaktes. Der Märtyrer des christlichen Trauerspiels bewahrte mit seinem Tod die eigene Unschuld und zugleich das Christentum. Die »Frage nach Gott« war damit beantwortet. Hier jedoch, nach der »großen Verweigerung« ist sie offengeblieben. Es geht hier also nicht nur um das Problem der Theodizee, der Rechtfertigung Gottes gegenüber dem Bösen in der Welt, sondern es geht auch über die Ebene theologischer Spekulation hinaus, denn bereits hinter den Monologen ist die Wirklichkeit von Auschwitz präsent, um nach ihnen *»naturalistisch«* (182) und brutal die *zweite Szene* zu bestimmen.

Zunächst geschieht das scheinbar verhalten in der Figur des *»Blitzmädels«* Helga: keine der *»Megären, die im Lager Aufseherinnen genannt werden«* (183), und doch beweist sie *»ganz unbewußt und einfach durch ihre Warmherzigkeit und ihren fraulichen Reiz, wie menschlich der Mensch noch als Berufsverbrecher bleibt«* (184). Ähnliches gilt für die *»säuerlich charaktervollen Bürger«* (ebd.) der Jägerkellerszene, die hier wieder auftreten.
Sie alle gehen *»Dem Doktor zur Hand«* (184) – eine Formulierung, die den Aspekt der Verführung durch das schlechthin Böse ebenso ausdrückt wie die durchaus selbständige Bosheit der spießigen Banalität. Durch diese Gestalten, die uns längst *»bekannt sind* [...], *ob wir sie täglich auf der Rutschbahn ins deutsche Wirtschaftswunder erblicken oder im Spiegel des eigenen Badezimmers«* (184), ist das Stück viel stärker mit der Wirklichkeit verbunden als durch das Zitat historischer Dokumente. Und hierin – weniger in der Karikatur Pius' XII. – lag auch die eigentliche Herausforderung an die deutschen Zuschauer der 60er Jahre.
Dann tritt der Doktor selbst auf, *»der schöne Teufel«*. Fürchterlicher noch als in der bloß verbalen Gemeinheit seines blasphemischen Couplets im Jägerkeller prahlt er nun mit geradezu wollüstiger Obszönität mit begangenen Scheußlichkeiten, die um so teuflischer sind, als sie alle tatsächlich verbürgt sind: der Teufel des »christlichen Trauerspiels« (und von daher kommen auch die sexualpathologischen Züge der Gestalt) – oder doch sein Stellvertreter. Aber: wenn auch dieses Mysterienspiel wirklich »zwischen Satan und Gott ausgespannt ist« (Muschg, S. 297), so muß man wohl die eigentliche Funktion des fünften Aktes in dem Aufweis der Ursache sehen, aus der Satan in der Geschichte siegen mußte, nachdem der »Stellvertreter Gottes« sich der Auseinandersetzung verweigert hat. Des Teufels Stellvertreter steht ja nunmehr nur ein Stellvertreter des »Stellvertreters« gegenüber, der auch schon – davon berichtet der Offizier zu Beginn der Szene – von der selbst auferlegten Aufgabe zurückzutreten versuchte. Die Begegnung mit dem Doktor illustriert die Konfrontation der Ungleichen: Dem »dandyhaften« Doktor steht der mißhandelte Riccardo gegenüber. Der Sarkasmus des Doktors – »([...] *sehr ironisch*): Ein Märtyrer, also« (193) – gilt der Person Riccardos, mehr noch jedoch der Situation. Es steht ihm ja sozusagen der Falsche gegenüber: »Sie aber, lieber Freund, sie würden nur vergast./ [...] kein Mensch, kein Papst, kein

Gott/ wird's je erfahren. Man vermißt Sie bestenfalls« (196). Sein Tod sei sinnlos, höhnt der Doktor. Es folgt ein Dialog, der wahnwitzig anmutet: Der »Teufel« und sein »Hauskaplan« (169) führen ein theologisch-philosophisches Streitgespräch (Gottesbeweis, Theodizee, Nietzsche, Hegel, Valéry) quasi im Angesicht der Hölle. An keiner anderen Stelle des Stückes wirkt Hochhuths Berufung auf Dante so überzeugend wie hier. Nirgend wird aber auch deutlicher, wie sehr das Mysterienspiel das Gegenteil von Mythisierung bewirkt, indem es nämlich den Realismus verstärkt. Diese Hölle ist kein metaphysischer Ort poetischer Phantasie, sondern die Wirklichkeit von Auschwitz im Jahre 1943, die im *»Mahlen der Betonmischmaschine«* (202) akustisch und in den grausigen Details im Bericht des Doktors soweit überhaupt möglich auch materiell ständig so präsent ist, daß der Ausruf Riccardos plausibel wird:

»Da – dort – ich bin ja ... mitten drin.
Was brauch ich noch zu glauben
an Himmel oder Hölle.« (202)

Dies ist zugleich ein Höhepunkt der Anklage gegen den Papst, an dessen Stelle Riccardo hier steht. Sein Plädoyer für die Existenz Gottes – »Gott steht nicht *über* der Geschichte./ Er hat am Los des Endlichen teil. In ihm/ summiert sich jeder Schmerz des Menschen« (200) – setzt das Maß für das Versagen des Stellvertreters Christi:

»RICCARDO: [...] Ich *habe* den Papst
schon um Protest gebeten, aber er macht Politik.
Mein Vater stand mir bei ... mein Vater.
DOKTOR: *(mit Höllengelächter):* Politik! – Ja, *dazu* ist er da;
der Pfingstredner!» (204)

Es ist in der Tat »eine letzte Provokation des Papstes, wenn Riccardo in die mörderische Wirklichkeit der Gaskammern geht« (Zimmermann in: Der Streit, S. 153 f.) Um so überraschender wirkt dann zunächst Riccardos Antwort »Richten wir ihn nicht«. Sie paßt nicht zur Rolle des Anklägers, die Riccardo bis zu dieser Stelle zu spielen hatte. Hier wird ein Bruch, eine Wendung zumindest, in der Konzeption dieser Figur sichtbar, die einerseits Sprachrohr der Anklage des Autors ist, zugleich aber mit ihrem *»Opfergang für die Kirche« »Taten und Ziele des Berliner Dompropstes Bernhard Lichtenberg«* (16) und das Schicksal des Paters Maximilian Kolbe verkörpern soll.
Des Doktors Bericht über Kolbes Tod (196) bereitet die Akzentverschiebung im Rollenverständnis Riccardos zwar vor, gleichwohl bleibt eine Kluft spürbar.

Von der *dritten Szene* an trägt Riccardo nicht nur die Auschwitzer Häftlingsnummer Kolbes, er erleidet auch weitgehend dessen Schicksal.
Noch einmal aber zeigt Hochhuth die Verbindung von Hölle und Kapital, gibt Beispiele dafür, »wie musterhaft SS und Industrie/ in Auschwitz harmonieren« (208), wie diese Mordfabrik gar nicht ohne die großtechnischen Erfahrungen der Industriekonzerne hätte funktionieren können. Dieser Part der Schlußszene

ist eine inhaltlich notwendige Abrundung der Realität Auschwitz, die nötige Rückbindung des höllischen Charakters an die durchaus weltlichen Voraussetzungen.

Dramatische Konstruktion hingegen ist der Auftritt Gersteins, der Riccardo retten will. Das Zusammentreffen der Personen aus der dritten Szene des ersten Aktes – Gerstein, Jacobson und der Doktor, dazu kommt noch Carlotta – ist notwendig, um das Ende Riccardos zu motivieren, der in der Kolbe-Rolle nicht mehr, wie zuvor, die Handlung selbst vorantreiben kann. Es war zudem ein Dialogpartner von »außen« erforderlich als Empfänger wenigstens der nunmehr – und überhaupt – gebotenen Erweiterung in der Anklage des Stückes. Die große Mehrheit des Volkes, sagt Carlotta,

»Lehnt den Terror ab – wie *Sie*, nicht wahr.
Tut aber nichts dagegen oder wenig, wie *Sie*.
Christen! – Alles Christen.« (212)

und Jacobson empört sich wenig später ebenso:

»Widerstand? – Warum, Gerstein,
reicht es nicht einmal *dazu*,
die Schienen nach Auschwitz aufzureißen.
Wo bleibt denn euer Widerstand?« (214)

Natürlich ist Gerstein der falsche Adressat solcher Vorwürfe, in der Konstruktion des Personals ist er aber der einzig mögliche. Diese Konstruktion führt überdies dazu, daß Gerstein letztlich auch noch verantwortlich ist für Riccardos Tod, der angesichts der Vorschläge des Doktors doch eine Überlebenschance gehabt hätte.

Das Stück geriete durch solche Konstruiertheit in die Nähe der Kolportage, wenn es Hochhuth nicht erreicht hätte, Riccardo tatsächlich an der Größe seiner beiden realen Vorbilder teilhaben zu lassen: Sein Festhalten an dem selbst übernommenen »Auftrag« (216) trotz seiner Verzweiflung trägt die Schlußszene ebenso, wie sie damit die Anklage gegen den Papst auf einen letzten Höhepunkt bringt: »Ich vertrete hier die Kirche./ Ich *darf* nicht gehen, wenn ich auch wollte« (216), formuliert Riccardo seine Stellvertreterrolle. Zusätzlich hat Hochhuth einige Details aus der Pius-Biographie Tardinis übernommen, die dieser über den von Todesahnung geprägten Zeitraum einer schweren Erkrankung des Papstes berichtet hat – die »Exerzitien« des Ignatius als letzten Trost, auch das Todesgebet »In hora mortis«.

Carlottas Ermordung auf der Bühne, der Tod Riccardos dokumentieren die unmittelbare Wirkungslosigkeit vom persönlichen Einsatz des einzelnen. Im Zitat des Weizsäcker-Briefes werden diesem die durch die »große Verweigerung« des Papstes vertanen Möglichkeiten des »Stellvertreters Christi« als Kontrast gegenübergestellt.

Die Sätze des Ansagers am Schluß verkünden die Folgen – »Erst im Sommer 1944 erreichte die sogenannte Tagesquote der Ermordungen ihren Höhepunkt. Am

26. November ließ Himmler die Krematorien sprengen. Zwei Monate später wurden die letzten Häftlinge in Auschwitz durch russische Soldaten befreit.« (227)

So war der historische Sachverhalt. Aus der Sicht des Pius im Stück muß die Befreiung der Häftlinge durch Soldaten des Staates, dessen Eindämmung seine ganze Politik galt, als der Urteilsspruch im Sinne der Anklage erscheinen. In der Berliner Inszenierung wurden die drei Worte »durch russische Soldaten« weggelassen.

4 Gedanken und Probleme

4.1 Die Provokation der Form

»Diese erstaunliche Wirkung erzielte ein Stück, das sich in keine der bisherigen Richtungen moderner Dramatik einordnen ließ. Es war gleich weit entfernt vom epischen Theater Brechts wie vom Theater des ›Absurden‹. Es schien, als ob der Autor nichts von dem kannte, was gemeinhin als die ›Errungenschaften‹ moderner Auffassung der Bühne galt: etwa das antiillusionistische Prinzip, daß Realität niemals als solche abgebildet erscheinen solle, sondern immer als eine gespielte. Hochhuth bildete entschlossen Realität ab. Es war jedoch kein ›Sozialistischer Realismus‹: weder wurde der typische Zustand einer Gesellschaft gezeigt, noch wurde dieser ›progressiv‹ interpretiert«.

Siegfried Melchinger (S. 15) faßt so die Probleme zusammen, die Hochhuth Gattungstheoretikern – und nicht nur diesen – stellt. Erwin Piscator nennt es im Vorwort zur Buchausgabe des *Stellvertreters* ein »episches Stück, episch-wissenschaftlich, episch-dokumentarisch; ein Stück für ein episches, ›politisches‹ Theater, für das ich seit mehr als dreißig Jahren kämpfte: ein ›totales‹ Stück für ein ›totales‹ Theater ...« (9). Diese Charakterisierung ist zunächst überraschend, sodann überzeugend und letztlich dann doch nicht ganz zureichend.
Überraschen muß Piscators Hervorhebung des »epischen« Charakters angesichts von Hochhuths erklärtem und nachdrücklich vertretenem Abstand zum epischen Theater Brechts: »Und so war es zunächst Selbsterhaltungsinstinkt, der mich warnte, einem solchen Magnet nahezukommen: er hätte mich vielleicht derartig in sein Kraftfeld gezogen, daß ich meine eigene Richtung nie gefunden hätte« (zit. nach Melchinger, S. 26). Es war sogar Piscator selbst, der Hochhuth vor dem Beispiel Brechts gewarnt hatte (s. Taëni, S. 18). Und doch ist es richtig, daß unter den Stücken der 60er Jahre »nur sehr wenige eine engere Verwandtschaft mit den Intentionen von Brecht« zeigten (ebd.) als eben der *Stellvertreter*. Als »nächsten Verwandten« zu diesem Stück identifiziert Rolf Chr. Zimmermann (in: Der Streit, S. 164) Brechts *Heilige Johanna der Schlachthöfe:* »Auch Johanna ist ein Stellvertreter. Auch bei Johanna geht es um die Konfrontation der Religion mit dem Leid, das sie zuläßt«. Es kommt dazu, daß auch Hochhuth eine veränderbare Welt zugleich mit der Notwendigkeit ihrer Veränderung zeigt. Wie bei Brecht kann man auch im *Stellvertreter* beobachten, wie »zur unmittelbaren Darstellung auf der Bühne die argumentierende Kommentierung der szen. Aktion durch einen Erzähler« tritt (Metzler Literatur Lexikon. Stuttgart 1984, Artikel »Episches Theater«): durch die umfangreichen Szenenanweisungen und die *Historischen Streiflichter* als Anhang zum Stück. Allerdings werden diese als episches Element auf der Bühne nicht sichtbar, erreichen nur den Leser.
Wenn *»Die zu Gruppen von zwei, drei oder auch vier Personen zusammengefaßten Figuren«*, z. B. der Papst und Baron Rutta, der Kardinal und Prof. Hirt, *»jeweils vom gleichen Schauspieler verkörpert werden«* sollten (14), ist dies, auch wenn es praktisch in keiner Inszenierung so gehandhabt worden ist, als ein »Ver-

fremdungseffekt« im Brechtschen Sinne intendiert – obwohl Hochhuth gerade solche »Verfremdungseffekte« in einer anderen Szenenanweisung ausdrücklich ablehnt (179). Unzweifelhaft »episch« ist die Öffnung des Dramas zur Realität in dem Sinne, daß Handlung und deren Motivation nicht, wie im traditionellen Drama, ausschließlich aus dem innerdramatischen Konflikt erwachsen, sondern aus der vorausgesetzten konkreten geschichtlichen Wirklichkeit. Die Begriffe Piscators »episch-wissenschaftlich« und »episch-dokumentarisch« überzeugen also durchaus, letzterer vor allem. Und doch reicht diese Kennzeichnung nicht hin, ist sie auch Piscator selbst fragwürdig erschienen, weshalb er im selben Text von einem »Geschichts-Drama im Schillerschen Sinne« (7) spricht. Wenn er so, durch Verbindung zweier eigentlich gegensätzlicher dramatischer Theorien, das Dilemma zu lösen versucht, das die eigentümliche Form des *Stellvertreters* bereitet, kann er sich dafür auf Hochhuth berufen, der zu Beginn der *Historischen Streiflichter* selbst Schiller und Brecht zusammensieht: Nach dem Schillerzitat, wonach der Dramatiker »›kein einziges Element aus der Wirklichkeit brauchen kann, wie er es findet, daß sein Werk in *allen* seinen Teilen ideell sein muß, wenn es als Ganzes Realität haben soll‹«, besteht er darauf, daß die Bühne »nur wahr bleibt, wenn sie – was nicht erst der Verfremdungstheoretiker Brecht entdeckte – ›die Täuschung, die sie schafft, aufrichtig zerstört‹ (Wallenstein)« (229).
»Hochhuth als Schiller redivivus, diese Vorstellung [bestimmt] schon mehr als ein Jahrzehnt das Hochhuthbild«, schrieb Jan Berg (S. 8) 1977 mit ironischem Blick auf einen Teil der Hochhuth-Forschung. Die »Geschichtsdrama«-Klassifikation brachte jedoch einen anderen Teil auf die Suche nach weiteren Vorbildern aus der entsprechenden Tradition, wobei andere Klassikerzitate in Hochhuths Text wegweisend waren: Lessing (Muschg, S. 296 ff.), Goethe (Zimmermann in: Der Streit, S. 152), Shakespeare (W. Haas, ebd., S. 26) wurden genannt, vereinzelt auch das christliche Trauerspiel des Barock. Zu dieser wissenschaftlichen Fahndung nach Vorbildern paßt der häufig erhobene Vorwurf einer »konservativen Grundtendenz seiner Schreibweise« (Taëni, S. 20), dem dann allerdings das gewaltige Erneuerungserlebnis der *Stellvertreter*-Aufführungen bei Publikum und Kritik zum Problem werden mußte. Dieses Innovationsmoment schien für viele – und auch da ist Piscator schlagwortbildend gewesen – im »episch-dokumentarischen« Charakter des Stückes zu liegen, ungeachtet Hochhuths Feststellung, wonach *»Dokumentarischer Naturalismus* [...] *kein Stilprinzip mehr«* sei (178). Betrachtet man die zehn Jahre Entwicklung des Dramas in der Bundesrepublik nach dem *Stellvertreter*, so gewinnt die etwas reißerisch klingende Kapitelüberschrift »Ein Stück macht Epoche« (Melchinger, S. 15 ff.) Plausibilität: Stücke von Peter Weiss *(Die Ermittlung, Der lusitanische Popanz, Vietnam Diskurs)*, Heinar Kipphardt *(In der Sache J. Robert Oppenheimer* und *Joel Brand)*, Tankred Dorst *(Toller)* Günter Grass *(Die Plebejer proben den Aufstand)* markieren eine Entwicklung, die in der Regel mit dem Begriff »Dokumentartheater» beschrieben und deren Entstehung auf den Eindruck des *Stellvertreters* zurückgeführt wird.
Mit der scheinbaren Lösung des Gattungsproblems ist jedoch, wie man längst gemerkt hat, dasselbe nur noch verstärkt worden: »Der Begriff des dokumentari-

schen Theaters erweist sich [...] als Vereinigung von so Disparatem, daß ein Streit um die Zuordnung des einen oder anderen Stückes fruchtlos bliebe« (R.P. Carl, zit. nach Berg, S. 18). Die Verwendung von authentischen Dokumenten begründet für sich genommen keine eigene Gattung, schon gar nicht eine neue: »Seit Büchners ›Danton‹ konnte die Verwendung von Zitaten aus historischen Dokumenten nicht mehr als abwegig verstanden werden« (Melchinger, S. 16); und anders als in der Dokumentarprosa der 60er Jahre, den *Bottroper Protokollen* Erika Runges etwa, oder den Reportagen Wallraffs, spricht in den wie auch immer als »dokumentarisch« bezeichneten Dramen niemals das »nackte« Dokument für sich, sondern immer handelt es sich um »Konzentration«, »Umwandlung« oder, wie Hochhuth das nennt, um »Entschlackung« (229) der dokumentierten Realität. Das Drama, auch das dokumentarische, gibt sich nicht mit der bloßen Wiederholung der Wirklichkeit zufrieden, es beharrt auf seinem Kunstcharakter. Und damit ist zum Beispiel auch der Streit um »Wahrheit oder Fälschung« in den viel älteren um Dichtung und (sogenannte) Wirklichkeit bzw. »Dichtung und Wahrheit« eingebettet.

Nur scheinbar liegt die Provokation des *Stellvertreters* in der bloßen Form: »[...] das eigentlich Befremdende – ich meine, für Leser und vermutlich auch für viele Zuschauer Befremdende – ist eben die einfache Tatsache, daß wir historische Dramen aus unserer Zeit, für unsere Zeit, und beinahe auch noch über unsere Zeit nicht gewohnt sind« (W. Haas in: Der Streit, S. 30).

In der Tat liegt hier ein Grund für die durch den *Stellvertreter* ausgelösten Irritationen. In der Geschichte des Dramas ist das politische Gegenwartsstück rar, und das nicht, weil die Dramatiker die Patina des Vergangenen stets höher geschätzt hätten als die jeweilige Zeitproblematik, sondern, weil allein der Anachronismus den notwendigen Schutz vor den Gegenmaßnahmen der eventuell kritisierten Mächtigen bieten konnte. Lessing konnte nicht den Pfarrer Goeze auf die Bühne stellen, also schuf er die Gestalt des Patriarchen im *Nathan*.

Die *kritische* Darstellung bekannter Personen im Drama verlangt nicht nur Mut, sie ist vielmehr auf ein soziales Umfeld angewiesen, daß die Freiheit der Kunst nicht nur proklamiert, sondern auch weitgehend garantiert.

Daß auch in der Bundesrepublik Deutschland die für die Geschichte des ins Historische ausweichenden Dramas verantwortlichen Mechanismen durchaus noch wirksam waren und sind, belegen die Umstände der Veröffentlichung des *Stellvertreters* ebenso wie die Reaktionen der katholischen Kirche und sogar von Bundestagsabgeordneten auf das Stück – wie letztlich auch die von Hochhuth zutreffend als die »subtilsten, weil gemeinsten Formen« der Zensur (zit. in: Hoffmeister, S. 303) gebrandmarkten Vermeidungsstrategien des bundesdeutschen Kulturestablishments. Und dennoch: das Stück kam in der Bundesrepublik auf die Bühne, konnte seine Wirksamkeit entfalten; die verfassungsmäßig garantierten Rechte der Kunst vermochten sich doch durchzusetzen.

»Hochhuths Stück behandelte das politische Thema anhand einer tatsächlichen, dokumentierbaren, geschichtlichen Realität. Es brachte Fakten auf die Bühne, einen Vorfall, einen Fall; es stellte ihn dar in einer Welt, wie sie nach (aufgrund

eingehenden Studiums gebildeter) Ansicht des Autors wirklich gewesen war« (Melchinger, S. 17). Wenn diese Charakterisierung zutreffend ist, und es spricht vieles dafür, dann ist die Brisanz des Stückes nicht allein, nicht einmal in erster Linie, aus der Besonderheit der Form zu erklären, dann ist die »Ansicht des Autors« über die Welt, seine Weltanschauung thematisiert, aus der heraus die Form sich ableitet. Tatsächlich ist eine Stellung zwischen Schiller und Brecht formal nicht zu begründen oder auch nur zu beschreiben. Und darin haben marxistische Kritiker fraglos recht, wenn sie, wie z.B. Jan Berg, darauf hinweisen, daß »kaum noch als Nebenwiderspruch registriert« werde, daß »Brecht dialektischer Materialist ist, der die Perspektive der revolutionären Veränderung der Gesellschaft verfolgt, während Hochhuth [...] ›theologisierender Moralist‹ ist, der eine ›Revolution des Gewissens‹ sich vorgesetzt hat« (S. 12).
Hochhuths Perspektive, sein Welt- und Geschichtsbild, ist in der Tat für das Verständnis des *Stellvertreters* und seiner übrigen Stücke ausschlaggebend.

4.2 Geschichte und Verantwortung

»Der wesentliche Grund aber, weshalb ich zu dem Stückeschreiber Brecht den Zugang nicht finde, liegt im Optimismus seiner Geschichtsauffassung« (zit. nach Melchinger, S. 26). Der mit dieser Beurteilung Brechts von Hochhuth selbst für sich reklamierte Geschichtspessimismus muß mit Blick auf den *Stellvertreter* zunächst überraschen, ist doch dem Stück unabdingbar und unübersehbar vorausgesetzt die Überzeugung, daß ein Protest des Papstes die Massenvernichtungen hätte stoppen, also eine positive Entwicklung in einem Teilbereich der Geschichte hätte bewirken können. Gleichwohl löst sich der Widerspruch bei näherer Betrachtung auf. Gewiß: Hochhuth bezweifelt jedwedes teleologische Geschichtskonzept. Er hält nichts von Philosophien, die von einem auf ein vorherbestimmtes Endziel zusteuernden Geschichtsverlauf überzeugt sind, sei dies nun die »klassenlose Gesellschaft« oder ein Gottesreich nach dem »jüngsten Tag«. Dies sind für ihn Ergebnisse »falschen Bewußtseins«, also Ideologien. Im Gotteszweifel Riccardos scheint diese Skepsis durch, wenn auch verschleiert durch den Rollenzwang. Daß diese Skepsis bei Hochhuth generell besteht, belegen zahlreiche andere Publikationen des Autors, die immer wieder einen Gedanken variieren, der in dem Gedicht mit dem bezeichnenden Titel *Kreislaufstudie* auf eine knappe, bildhafte Formel gebracht ist:

> »[...]
>
> Die zum Tode führt ist die Geschichte.
> Und die Umwälzung der Machtgewichte
>
> Hat nur *einen* Zweck: Potenzverschleiß.
> Fortschritt, Endziel gibt es nicht; ein Kreis
>
> – nur *ein* Kettenglied an vielen Ringen –,
> schließt sich wie ein Mensch stirbt; von Gelingen

Sprechen nur die Heilsverkäufer: es ist aus!
Ein Jahrtausend wächst und welkt der Strauß

Den auf anderer Ursprungsstätte
– wieder nur ein Ring der gleichen Kette –,

Pflanzer *ihrer* Äcker schufen.
Denn nicht vorwärts, aufwärts, nicht in Stufen

Sondern in die *Fläche* wuchert weiter
– und es wechselt wie die Kleider

Nur die Rassen –, das Geschlecht des homo faber.
[...]«

(In: Die Hebamme, S. 92 f.)

Rainer Taëni, der (wie viele andere) dieses Gedicht zitiert (S. 22), verweist auf das Vorbild der Philosophie Oswald Spenglers, der »die Menschheitsgeschichte als eine Kette wiederkehrender Entwicklungstendenzen begriff« (ebd.). Tatsächlich aber ist die Vorstellung von der Weltgeschichte als Kreislauf natürlich älter. In Mittelalter und Barock – was für das »christliche Trauerspiel« nicht unwichtig ist – war diese Weltsicht verbreitet; für die Tyrannen- und Märtyrerdramen des 17. Jahrhunderts ist sie konstitutiv.
Trotzdem ist Taënis Analyse von Hochhuths Geschichtsbild die wohl einsichtigste und verständlichste. Er entwickelt sie aus Hochhuths Essay *Der alte Mythos vom »neuen« Menschen* (1969–71) (in: Die Hebamme, S. 352 ff.), einer Auseinandersetzung mit Herbert Marcuse und dessen Auffassung, daß eine neue, bessere Gesellschaft in der Zukunft möglich sei. Hochhuth halte die von Marcuse geforderte »Umprogrammierung« des Menschen für eine »unrealistische und daher verderbliche Illusion: Ideologie, durch welche die Wirklichkeit verfälscht wird« (Taëni, S. 24). Es gibt für ihn keine Logik des Geschichtsprozesses, die zum Fortschritt drängt.
Bis hierhin sieht das aus wie ein »gräßlicher Fatalismus der Geschichte« (Georg Büchner), zeichnen sich Ähnlichkeiten ab mit nihilistischen Positionen der Nachkriegszeit oder mit dem Fatalismus eines Thornton Wilder. Doch Hochhuth geht, wie Taëni zeigen kann, einen Schritt weiter, ohne den auch seine Dramen nicht möglich wären: »Fest steht auch für ihn, daß die Welt, oder vielmehr: die menschliche Gesellschaft, verändert werden *muß*« (Taëni, S. 24). Das Mittel solcher Veränderung ist für Hochhuth jedoch nicht der Klassenkampf, nicht einmal (mehr) die soziale Revolution, obwohl er sich selbst als »natürlich links« einschätzt, »wie in einer hungernden Welt jeder anständige Mensch« (Der alte Mythos [...]. In: Die Hebamme, S. 355). Veränderungen kann seiner Ansicht nach nur der engagierte einzelne herbeiführen, der an einer Stelle steht, wo sich ihm Möglichkeiten verändernder Einflußnahme bieten. Die *»systematische Unterwanderung«* der herrschenden Oligarchie »durch anständige Menschen« (R.H., Hat die Revolution in der Bundesrepublik eine Chance? In: Die Hebamme, S. 348) wäre ein Mittel. Die Intellektuellen zum Beispiel »müßten sich aus dem

Ghetto der Heilsprediger hinausbegeben, um in mühevoller Kleinarbeit (etwa durch das Sammeln von Wählerstimmen) schließlich bis an die Schalthebel der Macht vorzudringen. Dann könnten sie (wie die Verschwörer in ›Guerillas‹ es planen) die notwendigen Veränderungen ins Werk setzen. Keine Revolution also im klassischen Sinne«, schreibt Taëni zutreffend (S. 25), »sondern eher eine Revolutionierung von oben«. »Das utopische Element, welches sich zwangsläufig daraus ergibt, daß in der Praxis solche Einzelne, wenn sie überhaupt je in die entscheidenden Machtstellungen vordringen, aus vielfachen Gründen immer wieder scheitern, ist ihm durchaus bewußt: für entscheidend hält er, daß sie *dennoch* immer wieder den *Versuch* unternehmen« (ebd.).

Von hier aus wird die Vehemenz des Zorns verständlich, mit dem Hochhuth das Verhalten des Papstes beurteilt: Pius XII. war ja seiner Einschätzung nach in einer solch entscheidenden Machtposition. Er mochte »übergeordnete« Gesichtspunkte im Blick gehabt haben – »ad maiora mala vitanda« (161) oder: »Und nicht nur um die Grenze nach Osten,/ auch um das Gleichgewicht zu halten,/ muß Deutschland lebensfähig bleiben.« (168) –, aber gerade das ist für Hochhuth Ideologie: »Es gibt gar keinen Zweck über das Leben einer Generation hinaus, es geht nicht aufwärts, sondern weiter.« (Der alte Mythos [...]. In: Die Hebamme, S. 370)

Aus dieser Sicht ist mit Taëni die logische Konsequenz zu ziehen: »Ein konstruktives Handeln, welches nicht die Erreichung dauernder Werte für alle Zeiten, sondern nur das Interesse der gerade lebenden Generation im Auge hat, kann aber nur inspiriert sein von *moralischen* Erwägungen. Und hierzu ist wiederum nie eine Masse als solche, sondern nur der einzelne Mensch fähig« (Taëni, S. 26).

Hochhuth ist Moralist. »Er ist ein theologisierender Moralist, der trotz des deprimierenden Anblicks der geschichtlichen Wirklichkeit an der Verantwortlichkeit des Einzelmenschen festhält und diesen Einzelmenschen als eine vorausgesetzte und unverzichtbare Größe versteht, nicht wie Brecht vorab als ein bloßes Produkt der Verhältnisse.« Hochhuth zielt »zuallererst auf eine Revolution des Gewissens, genauer noch: des christlichen Gewissens« (H.J. Schrimpf, in: Hinck, S. 90 f.). Der Begriff trifft, weil die Konturen von Hochhuths Moralvorstellungen, zwar nirgendwo exakter definiert, sich doch als im wesentlichen auf die christliche Tradition bezogen abzeichnen.

Dies erscheint nun gewiß nicht – und schon gar nicht als »natürlich« – links, sondern eher als konservativ; der scheinbare Widerspruch von pessimistischem Geschichtsbild und Handlungsprogramm löst sich aber gerade aus der Sicht dieser eigentümlichen konservativ-revolutionären Position. Auch hierbei sind Taënis Formulierungen nicht zu übertreffen:

»Tatsächlich ist dieses Denken in sich folgerichtig und stimmig. Kurz zusammengefaßt beginnt es mit der Betrachtung der Geschichte als einem Auf und Ab ständig wechselnder, einander ablösender Kulturperioden. Die Lehren daraus heißen: ewige Wiederkehr und, für den Betrachter: keine Möglichkeit eines geschlossenen Weltbildes. Die Konsequenz ist *Pessimismus:* eine Entwicklung nach vorn, nach oben, zu einem Paradies hin, wo alles besser sein wird, gibt es nicht. Das ›Böse‹ im Menschen, wie es sich in der Geschichte zeigt, erscheint als unausrottbar. Eben hieraus jedoch leitet sich eine *moralische Verpflichtung* ab, dagegen einzuschreiten, Mißstände auszuräumen, konkrete Veränderungen anzustreben. Dies kann, aus moralischen Erwägungen heraus, nur der Einzelne durch praktisches Handeln verwirklichen.« (Taëni, S. 29)

Dieses Geschichts- und Menschenbild hat natürlich unmittelbare Konsequenz für die Form der Hochhuthschen Dramatik: Der »Held« als verantwortlich Handelnder (oder Nichthandelnder), den sowohl die marxistische Dramatik zugunsten »gesellschaftlicher Triebkräfte« als auch die ›bürgerliche‹ zugunsten einer generellen Absurdität der Verhältnisse verabschiedet hatte, ist für Hochhuth nicht nur möglich, sondern notwendig. Das mußte aber zwangsläufig »linke« Kritik ebenso auslösen wie »rechte«. Beide Seiten reagierten entsprechend, bemängelten die Form, während es tatsächlich doch das Geschichtsbild Hochhuths war, das sie provozierte.

4.3 Die Bühne als Ort der Erzeugung von Empörung

Provokation war auch unzweifelhaft Hochhuths Absicht. Seine Dramen stehen im Dienst der von ihm erkannten Notwendigkeit zur Veränderung der Zustände, und das gilt auch für den *Stellvertreter.*
Nun bestimmt solche didaktische oder sozialstrategische Absicht das Drama während des überwiegenden Teils seiner Geschichte: Selbst noch das affirmative Unterhaltungstheater folgt einer Wirkungsästhetik. So, wie aber die Theorien über die Möglichkeiten von Wirkung auseinandergehen, unterscheiden sich auch die dafür eingesetzten Mittel. Das »prodesse et delectare« des Horaz bedingte den ästhetischen Genuß als Motor moralischer Verbesserung. Die Katharsistheorie des Aristoteles stellt auf »Jammer und Schaudern« ab, um mit der »Reinigung« dieser Affekte auch den Zuschauer zu bessern. Bei Lessing führt dies über das Mitleid zu »tugendhaften Fertigkeiten«, während Brecht wiederum in der Auslösung kritischer Reflexion das gesellschaftsverändernde Mittel des Theaters sah. In diese Geschichte der theatralischen Wirkungstheorie sowie in die »Spanne Lessing – Brecht« läßt sich Hochhuth nicht einfügen. Die Berufung auf die Gattungstradition des christlichen Trauerspiels führt für dieses Problem auch nicht weiter, weil dies nun gerade als Hofdrama des Feudalismus keine Veränderungen wollte. Das Schlagwort des »Schiller redivivus« gehört, soweit der Autor des *Wallenstein* oder des *Don Carlos* gemeint ist, nur insofern in diese Überlegungen, als im Programm der »Schaubühne als moralischer Anstalt« ein wirkungsästhetischer, bewußtseinsverändernder Anspruch formuliert ist. Der junge Schiller vielmehr ist es, bei dem die Suche nach Vorbildern für die Wirkungsmittel Hochhuths fündig werden kann, mehr noch jene kurze Dichtungsepoche, der er zuzurechnen ist, und die trotz der *Leiden des jungen Werthers* eine Epoche des Dramas war: der Sturm und Drang. Rolf Chr. Zimmermann hat mit vergleichendem Blick auf Goethes Sturm-und-Drang-Stück *Götz von Berlichingen* den *Stellvertreter* einen »imaginativen Lokaltermin« genannt (in: Der Streit, S. 138); in ihm solle das

»Empörende [...] vor Augen gestellt werden« (ebd., S. 139). Die Auslösung von Empörung im Publikum durch das Tribunal auf der Bühne wäre somit die wirkungsästhetische Absicht Hochhuths und sein wichtigstes Mittel zugleich.
Mit dem Hinweis auf einen anderen »Vorfahren« Hochhuths bekräftigt Fritz J. Raddatz diese These: »Die Verwandtschaft ist frappant bis ins Anekdotische. Piscator – dessen sensationellste Nachkriegsinszenierung ja Hochhuths *›Stellvertreter‹* war – brachte als seine letzte Arbeit vor der Emigration Friedrich Wolfs *›Tai Yang erwacht‹* [...] auf die Bühne – und zwar nach monatelangen Proben und so qualvollem Umschreiben, wie sie von Hochhuths Stücken bekannt sind« (in: Hinck, S. 41). Über das Anekdotische hinaus bestimmen für Raddatz natürlich inhaltliche Verwandtschaften den Vergleich mit Wolf. Auch dessen Stücke seien »regelmäßig Sensationen« gewesen, »über sie wurde berichtet wie über Zeitereignisse, nicht im Feuilleton, sondern auf der Leitartikelseite« (ebd.). »Friedrich Wolfs Theater ist das Theater der ›großen Person‹ – und es ist das Theater der großen Leidenschaften, der Identifikationsangebote« (ebd., S. 42). In der Tat war die Publikumsreaktion auf Wolfs Stücke – z. B. auf *Cyankali* – ähnlich der auf Hochhuths, und in beiden Fällen war es Empörung, die diese Reaktion bestimmte.
Zimmermanns differenzierte Analyse weist nach, wie sehr Empörung auch das innere Prinzip des *Stellvertreters* ist, daß sie Handlungsverlauf wie Personenkonstellation bestimmt: »So wie jede Szene gewissermaßen ein menschlicher Test ist, eine Versuchsanordnung, so sind die auftretenden Figuren Versuchsobjekte, Testpersonen. Werden sie ein Herz zeigen und sich empören, oder werden sie kalt bleiben, Ausflüchte machen oder sich gänzlich als Unmenschen dekuvrieren?« (in: Der Streit, S. 139 f.) Nicht mit psychologischem, sondern mit moralistischem Interesse werde von Hochhuth Geschichte auf der Bühne dargestellt. Es ist ihm »allein um die Ansprechbarkeit des menschlichen Herzens und Gewissens zu tun, und zwar dort, wo der Maßstab des Guten unverrückt und der Blick ungetrübt ist. Sein Publikum soll nicht menschliche Innerlichkeit erkennen, sondern Historisches mit dem Herzen würdigen« (ebd., S. 141). Zimmermann stellt Hochhuths Stück in die Tradition »polemischer Literatur«, Raddatz' Hinweis auf Friedrich Wolf impliziert ähnliches, und auch Hans Joachim Schrimpf nennt den *Stellvertreter* ein »Tendenzstück« (in: Hinck, S. 92). Das ist nicht abwertend gemeint; denn hat »diese Tendenz [...] ein öffentliches Interesse, einen so weiten gesellschaftlichen Horizont, daß sie gezielt auf einen Lebensnerv der Zeit trifft und diesen, weil er schmerzhaft reagiert, als erkrankt diagnostiziert, so kann es sich um ein literarisch legitimes Tendenzstück von höchstem geschichtlichem Rang handeln« (ebd.).
Unabdingbare weitere Voraussetzung für solchen Rang ist freilich die historische Wahrhaftigkeit.

4.4 Wahrheit oder Fälschung

»Politische Kunst parteilich zu zensieren ist hierzulande der Brauch; da sind die Linken so stramm wie die Rechten; und auch darin unterscheiden sie sich voneinander nicht, daß sie [...] höchst selten den Mut aufbringen, ehrlich einzugestehen, daß sie ein Bild, ein Buch, ein Stück deshalb ablehnen, weil es der Leitplanke ihrer Partei oder ihrer politischen Gesinnung zuwiderläuft. Fast immer schützen sie vor, ästhetisch ›genüge‹ es ihren Ansprüchen nicht.«

Diese sarkastische Bemerkung Hochhuths in seinem Aufsatz *Zensur in der Bundesrepublik Deutschland* (in: Hoffmeister, S. 325) reflektiert seine Erfahrung mit dem *vorgeschobenen* Argument der Ästhetik und der Form. Dem *Stellvertreter* erging es noch schlimmer, weil der überwiegende Teil der öffentlichen Debatte sich nicht einmal auf solch pseudoästhetischer Ebene abspielte. *»Verfälschte Geschichte«* hieß der Titel einer »Antwort an Rolf Hochhuth. Mit Dokumenten und authentischen Berichten« des Prälaten Walter Adolph (Berlin 1963). Geschichtsfälschung war der Vorwurf der Gegner des Stückes; ein schwerwiegender Vorwurf gegen einen Autor, der es ausdrücklich unternommen hatte, »durch den Schutt und die Zufälligkeiten der sogenannten historischen Tatsachen zur Wahrheit [...] vorzustoßen« (Historische Streiflichter, 229).
Die Wahrheit, das war in Hochhuths Augen das nicht zu entschuldigende Faktum der Untätigkeit, das Schweigen des Papstes zur Judenvernichtung. Diese Wahrheit kann nicht bestritten werden; sie wurde auch nicht bestritten, das Faktum vielmehr auch von den Gegnern Hochhuths ausdrücklich bestätigt:

- »Niemand weiß – gestehen wir das ruhig ein –, warum der Papst geschwiegen hat« (Albert Wucher in: Summa, S. 96).
- »Papst Pius XII. hat gewiß eine Unterlassungssünde begangen, indem er nicht den ganzen moralischen Einfluß seines Amtes gegen Christen- und Judenverfolgungen aufbot« (W. Ross in: Der Streit, S. 78)
- »Nun aber zur Hauptfrage: Warum hat der Papst geschwiegen?« (Pater Robert Leiber SJ in: Summa, S. 105)

Was nicht zu bestreiten war, suchte man vielmehr zu verteidigen und zu entschuldigen, und solche Versuche mußten zwangsläufig auf einer Ebene sich bewegen, die unterhalb des absoluten moralischen Anspruchs lag, den Hochhuth durch die Situation des »christlichen Trauerspiels« nicht geschaffen, aber zutreffend beschrieben hatte. Gegenüber der Größe des »Auftrages« und dem Versagen vor der Herausforderung des absolut Bösen mußte jeder Begründungsversuch als Ausrede wirken und Hochhuths These nur bestätigen:

»Entscheidend jedoch war, daß die vatikanische Diplomatie ihren neutralen Standpunkt zu wahren gewußt hat. Sie hat damit ein wertvolles Erbe für die Zukunft gerettet. Indem sie es jedoch rettete, mußte sie sich vom jeweiligen Kontrahenten das Maß des Entgegenkommens vorschreiben lassen. Sie mußte sich in pragmatischer Hinsicht weit hinauswagen. Einer vom Bösen gezeichneten Macht gegenüber ist Neutralität nur um diesen Preis zu bewahren.« (Wilhelm Alff in: Summa, S. 128)

In der *Stellvertreter*-Debatte wurde immer wieder die Stellungnahme des Jesuitenpaters Robert Leiber zitiert, »jahrzehntelang ein enger Mitarbeiter Eugen Pacellis« (Adolph, S. 34). Seine Äußerungen illustrieren wenn möglich noch deutlicher den Abstand der Ebenen von Hochhuths Anklage und den Rechtfertigungsversuchen:

»Man darf Vorsehung darin vermuten, daß die Kirche durch den Zweiten Weltkrieg gesteuert wurde von einem Papst, der sich den Grundsatz Benedikts XV. aus dem Ersten Weltkrieg zu eigen gemacht und durchgehalten hat, gegen Unrecht, Gewalt und Grausamkeit immer nur in allgemeiner Form, von wem immer und wo immer sie geschahen, Einspruch zu erheben. Es sind im Zweiten Weltkrieg und noch nachher Gewalttaten und Grausamkeiten in unvorstellbaren Formen fast von allen Seiten begangen worden, so daß für den Papst, damit er nicht parteiisch erscheine, des Protesterhebens kein Ende mehr gewesen wäre. [...]
Hatte der Papst nicht noch viel mehr Grund, die Schäden in Rechnung zu stellen, die ein Protest von seiner Seite zur Folge haben konnte? Er mußte auf zu viele Werte Rücksicht nehmen, innerhalb und außerhalb der Kirche. [...] War es da nicht besser, zu schweigen und Menschenleben zu retten. [...]
Pius XII. mußte sich der von Poliakov formulierten Frage [schweigen oder öffentlich protestieren, B.B.] ganz persönlich stellen. Er hat sich für Schweigen entschieden. Wer es wagt, breche den Stab über dieses Schweigen.« (in: Summa, S. 105 ff.)

Auch in dieser Stellungnahme dominiert die Rhetorik des »hätte« und »wäre«, wird eine Einschätzung bekräftigt, nicht aber eine These bewiesen.
Nun enthält auch der *Stellvertreter* selbst ein schwergewichtiges konjunktivisches Moment: das Stück bezieht einen Teil seines anklagenden Momentums aus der *Annahme,* daß der Protest des Papstes die Judenverfolgungen hätte stoppen können. Auch diese Annahme kann höchstens plausibel gemacht, sie kann nicht bewiesen werden. Eine Debatte darüber hätte jedoch nicht unter dem Verdikt »Geschichtsfälschung« zu stehen, wie es von den Gegnern Hochhuths ständig ins Feld geführt wird.
Gerhard Schoenberner, der Autor der Fotodokumentation *Der gelbe Stern,* hat diese und andere Stellungnahmen von offizieller wie offiziöser katholischer Seite zusammenfassend so beurteilt:

»Mir scheint, die meisten von ihnen reden an der eigentlichen Sache vorbei. [...]
Die zahlreichen Beispiele aufopferungsvoller karitativer Tätigkeit kirchlicher Kreise, die jetzt ausführlich vor uns ausgebreitet werden, sind keine Beweise. Sie betreffen einen ganz anderen, außer Zweifel stehenden Sachverhalt, den der Autor in seinem Stück auch gebührend würdigt.
Die Dokumente über den individuellen Widerstand und Märtyrertum einzelner Priester und Gläubigen, die das Gebot ihres Christentums ernst nahmen, sind es noch weniger: Der innere Konflikt der Blutzeugen mit ihrer Kirche, die sich nun nachträglich auf sie beruft, ist gerade das zentrale Thema des Dramas, das zwei solchen Kämpfern im Priesterrock gewidmet ist.
Die Weihnachtsansprache des Papstes 1942, in der er die Unmenschlichkeit des Krieges allgemein verurteilt und in umschriebenen Worten auch der verfolgten Juden gedenkt, besaß in jener Zeit zweifellos ihre Bedeutung, zumal für die katholischen Gläubigen. Sie zur Widerlegung des ›Stellvertreters‹ zu zitieren, ergibt wenig Sinn, da der Autor dem Papst keine heim-

lichen Sympathien für die SS nachsagt. Er ist nur der Meinung, daß es Situationen gibt, in denen das Sprechen zwischen den Zeilen nicht ausreicht.
Der Hinweis vollends auf die wiederholten Proteste einzelner Bischöfe und die zum Teil erfolgreichen Interventionen der Nuntiaturen in Preßburg, Budapest und Bukarest bestärken nur Hochhuths These.
Auch die Berufung auf die traditionelle Neutralitätspolitik des Vatikans überzeugt nicht recht. Einmal war dieser Grundsatz, der mit Beginn des Zweiten Weltkrieges definitiv seinen Sinn verlor, auf Auschwitz keinesfalls mehr anwendbar. Zum anderen ist die erklärte Praxis, die Taten einer Kriegspartei mit Rücksicht auf die Propaganda der Gegenseite nicht konkret anzuprangern, an anderen Fragen keineswegs immer streng eingehalten worden.
Der Papst habe nicht protestiert, heißt es, weil er ›umfassender dachte‹, und diese Zurückhaltung habe nach seinen eigenen Worten ›im Interesse der Leidenden selber‹ gelegen; es sei darum gegangen, ›Schlimmeres zu verhüten‹. Aber konnte den Verfolgten Schlimmeres geschehen, als in die Gaskammern von Auschwitz verschleppt zu werden? War der Tod der Millionen durch die Rettung von einigen Tausend, die man versteckte, leichter hinnehmbar?« (in: Summa, S. 53 f.)

Schoenberners Artikel bezieht einige der zahlreichen Hilfsargumente mit ein, die angesichts der Unwiderlegbarkeit von Hochhuths zentraler Aussage zur Geschichte den Vorwurf der Geschichtsfälschung dennoch stützen sollten. Natürlich steht hierbei die Frage nach den Motiven des Papstes im Vordergrund. Auf diesem Feld hat Hochhuth es seinen Kritikern auch leicht gemacht. Dort, wo er den Papst aus dramaturgischen Gründen der inneren Logik der Handlung als Person darzustellen versucht, wo er individuelle Vorlieben, Charaktereigenschaften und Verhaltensweisen beschreibt und dabei – wie jeder historische Dramatiker – natürlich doch nicht die Person selbst auf die Bühne bringen kann und darf, setzt er sich leicht der Kritik jener aus, die die Bühnenfigur mit der realen Persönlichkeit aus eigener Kenntnis vergleichen können. Solche Kritik fand um so mehr Anhaltspunkte, als die Dramatik der Empörung sich teilweise in der Tendenz zur Karikatur niederschlug. So ist wiederum die Empörung mancher Kritiker glaubwürdig und nachvollziehbar: »Eben die vom Autor so einseitig herausgehobenen Charakterzüge hatte der Papst nicht: den ökonomisch-rechnerischen Sinn, die Kälte und Gefühllosigkeit, die Verhaftung in der Weltlichkeit« (Wilhelm Grenzmann in: Summa, S. 78).

»Was im vierten Akt [...] über die Finanzgeschäfte der Jesuiten gebracht wird, ist falsch. Auch was über das Vermögen der Neffen Pius' XII. gesagt wird, daß es 123 Millionen betrage, ist falsch [das bezieht sich auf einen Artikel im SPIEGEL, B.B.]. Hier liegen vielleicht peinliche Verwechslungen vor. Soll vielleicht im vierten Akt Pius XII. unterschoben werden, er wolle gegen die Judendeportationen nicht sprechen, um die Verbindung zwischen vatikanischen Industrieunternehmungen nicht zu gefährden? Wenn ja, so wäre es aus der Luft gegriffen. [...]
Nie hat Pius XII. im Krieg Hitlers gegen Rußland einen Kreuzzug gegen den Bolschewismus gesehen.« (Pater Robert Leiber SJ in: Summa, S. 102 f.)

Durch den – unnötigen – Nachdruck, den Hochhuth auf die persönlichen Schwächen seines Papstes legt, wird das Zentrum seines Stückes eher verdeckt als betont. Der Kritiker Joachim Günther hat diesen Aspekt sehr früh in der Diskussion

benannt, indem er feststellt, daß es bei der Frage, »ob das Geschehen nicht so weit, ja so einmalig aus dem geläufigen Rahmen irdischer Schrecken und Schändlichkeiten herausragte, daß die Kirche Christi zentral, in ihrer obersten Spitze [...] zu Opfer, Martyrium, Einsatz des Ganzen gefordert war«, daß es also bei *dieser* Frage überhaupt nicht um den persönlichen Charakter, »die menschliche geistige, ja die christliche Integrität des vorletzten Papstes« gehe: »Alle Welt ist sich darüber einig, daß der Pacelli-Papst eine der geistesmächtigsten und bedeutendsten Figuren auf dem Stuhl Petri gewesen ist. Daran kann eine dichterische Zeichnung – die im übrigen gerade an diesem Punkte in der Tat eine starke Ver-Zeichnung ist, das Stück hat hier seine schwächsten Stellen – auf die Dauer und bei ernstlichen Beurteilern sicher nicht das mindeste ändern« (in: Summa, S. 29 f.).
An der Verantwortlichkeit des einzelnen, die für Hochhuths Geschichtsbild und seine Dramenkonstruktion konstitutiv ist und an der Verantwortlichkeit *dieses* einzelnen, der an seinem Platz Macht, Möglichkeit und christlich bestimmte Pflicht zum Handeln gehabt hätte, ändert dies ebenfalls nichts. Da dieses zentrale Problem nicht von ihr berührt wurde, liegt die hitzige und lang anhaltende Debatte um die Frage »Wahrheit oder Fälschung« neben der Sache.

4.5 »Gerade von deutscher Seite«

»Muß es die Freunde unseres Volkes nicht befremden, wenn gerade von deutscher Seite in Papst Pius XII. eine Persönlichkeit angegriffen wird, die nicht nur den Juden während der Verfolgung durch das Naziregime tatkräftig geholfen, sondern auch während der gesamten Zeit ihres Wirkens dem deutschen Volk besonders nahegestanden hat?« (zit. in: Summa, S. 229)

Der Text dieser »Kleinen Anfrage«, die neunzehn Abgeordnete am 2. Mai 1963 im Bundestag einbrachten, bringt einen – und zwar den fragwürdigeren – der beiden Aspekte zur Sprache, die aus der Nationalität des Verfassers des *Stellvertreters* ein Problem machen könnten. Die Antwort des damaligen Bundesaußenministers Gerhard Schröder vom folgenden Tag holt das Versäumnis nach, indem sie im ersten Absatz für das deutsche Volk erklärt, »daß es sich des Ausmaßes der Verfolgung und Massenvernichtung von Juden im Dritten Reich, für die Deutsche verantwortlich waren, voll bewußt« sei, und indem sie im zweiten »zutiefst« bedauert, »daß in diesem Zusammenhang Angriffe gegen Papst Pius XII. gerichtet worden sind«. Aber auch die Bundesregierung hielt offenbar die Frage der moralischen Berechtigung deutscher Kritik am Verhalten anderer für weniger problematisch »in diesem Zusammenhang« als den eventuellen Vorwurf mangelnder Dankbarkeit:

»Die Bundesregierung ist sich nach wie vor mit Dankbarkeit der Tatsache bewußt, daß nach dem Zusammenbruch des nationalsozialistischen Regimes Papst Pius XII. einer der ersten war, der sich tatkräftig für eine Aussöhnung zwischen Deutschland und den anderen Völkern eingesetzt hat. Dies macht eine Herabsetzung seines Andenkens gerade von deutscher Seite besonders unverständlich und bedauerlich.« (in: Summa, S. 230)

Zurecht hat Gerhard Schoenberner darauf hingewiesen, daß Bemerkungen wie »der Papst habe wie wenige unmittelbar nach dem Kriege ›die Stimme für Berlin erhoben‹«, eigentlich »keine Erwiderung« lohnen (in: Summa, S. 53), und dennoch fehlt selbst in der Erklärung des »Zentralkomitees der deutschen Katholiken« vom 2. März 1963 nicht die Klage darüber, daß ausgerechnet »im freien Westberlin« (sic!) ein solches Stück aufgeführt worden sei (ebd., S. 67). Es ist in der Tat »gänzlich abwegig, den Papst als Deutschenfreund verteidigen zu wollen und die angebliche Tendenz des Stückes darin zu suchen, daß hier wieder einmal ›auf typisch deutsche Weise‹ eine Schuldabwälzung, noch dazu auf einen unserer treuesten Freunde versucht werde« (Joachim Günther in: Summa, S. 30). Freilich muß man auch den Druck in Rechnung stellen, dem katholische Institutionen, aber auch die Bundesregierung ganz zweifellos ausgesetzt waren und der schon an dem einmaligen Vorgang einer Regierungs-Stellungnahme zu einer Theateraufführung ablesbar ist.

Gleichwohl: der Vorwurf von »Schuldabwälzung« wäre, träfe er zu, gravierend, und die Frage, ob »gerade ein Deutscher« das moralische Recht zur Kritik hatte, ist in jedem Fall zu diskutieren. Der Berliner Theaterkritiker Friedrich Luft hat sehr früh »falsche Töne« in dieser Richtung ausgemacht: »Ich las in einer großen Frankfurter Zeitung einen Leserbrief, in dem stand: nun sei das deutsche Volk die Schuld los! Hochhuth habe sie dem vorletzten Papst aufpacken können. Das Stück sei insofern infam, als es dem damaligen Vertreter Christi auf Erden die ganze Kollektivschuld zuschiebe und das deutsche Gewissen nun fein raus sei« (in: Der Streit, S. 97). Aber auch »noble Hinweise« habe es gegeben darauf, »daß Hochhuths Stück die Gefahr einer falschen Entlastung der wahrhaft Schuldigen in sich trägt« (ebd., S. 116).

Es hat in der Nachkriegsgeschichte Deutschlands immer wieder Versuche gegeben – und es gibt sie auch weiterhin –, eigene Schuld durch »Aufrechnung« zu tilgen oder wenigstens zu mildern: die Angriffskriege gegen den Bombenterror der Alliierten; den Völkermord gegen die von der Roten Armee verübten Grausamkeiten gegen die deutsche Zivilbevölkerung; das »Sieg-Heil«-Geschrei gegen die Wertschätzung Hitlers in Westeuropa vor 1939; die Vernichtungslager gegen die »Erfindung« der Konzentrationslager durch die Briten im Burenkrieg; die Judenverfolgungen durch das von Schweden durchgesetzte »J« in den Pässen jüdischer Deutscher usw. Vor dem Hintergrund solcher Praxis war die Befürchtung ähnlicher Motive oder wenigstens ähnlicher Wirkung durch den *Stellvertreter* immerhin verständlich: »Von der Bühne herab ist die demagogische, die exkulpierende Wirkung ungleich stärker: wir Kleinen und Machtlosen brauchen uns nicht zu schämen, ebenfalls nicht genug gegen den Schrecken getan zu haben« (die Redaktion des »Monat« in: Summa, S. 216).

Dennoch: solche Behauptungen hätten sich zunächst am Text zu verifizieren! Das aber ist nie geschehen, konnte auch nicht geschehen, weil das Stück solchen Rechtfertigungstendenzen keinen Vorschub leistet. Der *Stellvertreter* beschränkt sich ja nicht darauf, die deutsche Schuld gleichsam nur vorauszusetzen. Diese wird vielmehr immer wieder und ausdrücklich thematisiert: in den geschichtlichen Fakten

– Auschwitz, Deportationen, Einsatzgruppen –, bis ins unmenschliche Detail (Schädelsammlung!); und fast noch wirksamer durch die Sprache der Deutschen im Stück, die sich ja nicht nur aus der Gruppe der Mächtigen, der »Verführer« rekrutieren, sondern mit Helga oder Fritsche und anderen auch aus dem deutschen Jedermann. Dazu kommen noch die Anklagen Jacobsons und Carlottas.
Die Vehemenz der Reaktionen auf das Stück gerade auch unter Nichtkatholiken läßt vermuten, daß eben dies erkannt oder wenigstens gespürt wurde. Man hat schon gesehen, daß hier »die Schuld der Deutschen zu Wort« kommt: »Die Schuld des Nichtsehenwollens, die Schuld des Nichtparteinehmens, die Schuld des Schweigens« (Kölnische Rundschau vom 23. 3. 1963). Dennoch behauptete sich – auch auf dieser Ebene eher moderater Argumentation – die Gegenposition: »Ich halte es [...] für unangebracht, daß ein Deutscher einen Nicht-Deutschen deshalb anklagt, weil er den Nationalsozialismus nicht genügend bekämpft habe. Ein Deutscher sollte erst einmal vor seiner deutschen Tür kehren.« (der protest. Bischof G. Jacobi. In: Echo der Zeit, Recklinghausen, vom 14. 4. 1963) Auf dieser Ebene hätte sich diskutieren lassen – wäre die Atmosphäre weniger emotionalisiert gewesen. Immerhin ging die Erhitzung so weit, daß der renommierte Filmregisseur Otto Preminger in einem Rundfunkinterview behauptete, Hochhuth sei ein »aktiver und sehr heftiger Nazi« gewesen (Görgen, S. 25). Nach der inzwischen erfolgten Abkühlung ist diese Diskussion noch nachzuholen.

5 Dokumente zur Rezeptionsgeschichte in Literaturwissenschaft und literarischer Öffentlichkeit

Die Flut schriftlicher Stellungnahmen zum *Stellvertreter* ist in der neueren Literaturgeschichte ohne Beispiel. Bereits sieben Monate nach der Uraufführung und der Veröffentlichung der Buchausgabe mußte der Rowohlt-Verlag für seine Dokumentation der Debatte *(Summa iniuria)* aus »circa 3000 Kritiken, Berichte[n] und Briefe[n]« (S. 8) auswählen. 1975 zählte Raimund Haas 7500 Publikationen zum *Stellvertreter* (vgl. Berg, S. 26). Dazu kamen noch zahlreiche öffentliche Diskussionsveranstaltungen vor und nach den verschiedenen Inszenierungen in den einzelnen Aufführungsorten – es ist geradezu ein Prinzip geworden, das sich bis in die jüngsten Inszenierungen (z.B. in Kiel, 1983) bestätigt hat. Dies, wie die genannten Zahlen, belegt das Gewicht der Herausforderung durch das Stück und das Ausmaß der Betroffenheit; es sagt jedoch nichts aus über die Qualität der Argumentation und vorhandene oder fehlende Differenzierungen in der Diskussion. Tatsächlich ist der Vorwurf der »Stereotypie« und der »topische[n] Gleichförmigkeit« (Berg, S. 26) nicht ganz zu Unrecht erhoben worden. Die bloße Zahl der Reaktionen spricht für eine gehörige Portion Redundanz, und der im Vordergrund stehende Streit um »Wahrheit oder Fälschung« verstärkt diese noch. Auf der anderen Seite eröffnet sich hier die Möglichkeit zur Repräsentativität auch bei knapper Auswahl, zumal die Geschichtsfälschungsdebatte bereits ausreichend oben dokumentiert ist. Die Gestaltung der Buchausgabe des *Stellvertreters* mit dem Vorwort Erwin Piscators und den Essays von Golo Mann, Walter Muschg, Karl Jaspers und Sabina Lietzmann trägt ebenfalls zur Ökonomie der folgenden Dokumentation bei.

Willy Haas: Hochhuths »Stellvertreter« – Legende und Historie

Es ist Hochhuth besonders übelgenommen worden, daß sich der Papst in der Hauptszene im Vatikan für Aktien, Börsengeschäfte, finanzielle Transaktionen jeder Art mehr zu interessieren scheint als dafür, daß unter seinen Fenstern römische Juden katholischen Glaubens von den Deutschen in die Gaskammern geschleppt werden. Und das ist in der Tat eine recht primitive Art zu sagen, was der Autor durchaus sagen wollte. Doch sie entspringt gewiß nicht dem Willen, die ehrwürdige Person Pius' XII. zu schmähen oder herabzusetzen, sondern recht eigentlich dem Doppelcharakter des Stückes, das ein historisches Drama mit historischen Personen ist und das doch einen rein theologischen Kern hat. Wäre es nicht auch ein historisches Drama, so hätte diese Szene ebensogut von einem erzkatholischen Dramatiker im heiligen Zorn geschrieben worden sein können: denn warum sollte man nicht eine christliche Legende erzählen dürfen, daß unter irgendeinem legendären Papst der Teufel die irdische Macht fast über die ganze sichtbare Welt an sich gerissen hat, und doch dieser Papst, in weltliche Probleme verstrickt, ihn nicht erkannt und nicht in den Bann getan, sondern sich in irgendwelche Diskus-

sionen mit ihm eingelassen hat, um seine eigene Macht und die des Teufels gegeneinander abzugrenzen und den Besitz der Kirche zu wahren? Warum nicht? Es ist ein echt legendärer Stoff, man spürt förmlich seine innere legendäre Wahrheit. Man würde durchaus nicht staunen, ein solches legendarisch-theologisches Thema in der Dramenliteratur des Barock zu finden, etwa unter den geistlichen Festspielen des Calderon de la Barca. Diese legendäre Kraft verliert es auch in dem historischen Drama von Hochhuth nicht, in dem alle beim Namen genannt sind: sie wirkt durch das Historische hindurch, absorbiert und sublimiert es. [...]
Aber das eigentliche Befremdende – ich meine, für viele Leser und vermutlich auch für viele Zuschauer Befremdende – ist eben die einfache Tatsache, daß wir historische Dramen aus unserer Zeit, für unsere Zeit, und beinahe auch noch über unsere Zeit nicht gewohnt sind. Wir machen alle möglichen Konzessionen den belletristisch gefärbten Romanbiographien eines André Maurois oder Stefan Zweig oder Emil Ludwig, wir finden es nur selbstverständlich, wenn solche Bücher zu allerhand theatralischen Effekten zugespitzt sind. Historischen Dramen, wenn sie nicht gerade von Shakespeare oder Schiller stammen, konzedieren wir nicht einmal das Minimum kompositorischer Freiheit, dramatischen Aufbaus, monumentaler Vereinfachung, ohne das ein historisches Drama gar nicht auskommen kann. Historische Dramen sind nun einmal al fresco gemalt und nicht en miniature. Wir haben aber gar keinen zeitgemäßen historischen Al-fresco-Stil in unserer Malerei: das ganze Genre scheint uns durch die historischen Kitschmaler des 19. Jahrhunderts wie Piloty oder Makart für immer deklassiert; und so haben wir nicht einmal die bildhaften Voraussetzungen für ein modernes historisches Drama. Jede Vereinfachung von Konflikten, politischen oder persönlichen, mutet uns als unerlaubte Primitivität an. Und so vermissen wir zum Beispiel in den Vatikan-Szenen eine Verfeinerung, Dämpfung, Diskretion, die gar nicht Sache des historischen Dramas ist, und die uns zum Beispiel in Shakespeares oder Schillers historischen Dramen niemals fehlt.

(Originalbeitrag in: Der Streit, S. 28 ff.)

Friedrich Luft: Tragisch und bedeutend

Dies [...] ist ein sehr christliches Stück, auch wenn es Vertreter der Christenheit in Frage stellt und oft – wie ich meine – unziemlich kritisiert und attackiert. Es hat – das zum Formalen – einen fast schillerischen Elan und eine wahrhaft dramatische Emphase. Das ist erstaunlich. Bis zur Pause ist, was Piscator aus dem überlangen Manuskript destilliert hat, endlich wieder im echten Sinne tragisch und bedeutend. Da stimmt es. Es wird – und das gewiß vorgefaßt und vorsätzlich – es wird tendenziös und fragwürdig, wenn die Figur des Papstes Pius nur immer angeklagt wird. Sie darf sich kaum wehren. Bei Schiller hat Don Carlos recht – und König Philipp auf seine Weise auch. Daraus erst entsteht die wahre Tragik, die Unlösbarkeit des Dilemmas. Hier wird dem Papst keine Chance gegeben. Er wird als kleinmütig gezeichnet – warum er sich gegen die große Geste der Verneinung wehrt, warum er es müßte, das wird nicht ersichtlich. So sinkt das so groß und emphatisch begonnene Stück sofort ab. Es wird – und wieder gewiß mit Vorsatz und Berechnung – tendenziös.

(Rias Berlin, 24. 2. 1963; zit. nach: Summa, S. 17 f.)

Dieter Hildebrandt: Bruchstücke eines großen Zorns

Dieses »christliche Trauerspiel«, wie es im Programmheft ironisch heißt, behandelt die Rolle des Vatikans bei den Judenverfolgungen des Dritten Reiches, es stellt die Frage, ob Papst Pius XII. Entscheidendes getan habe, um die »Endlösung« zu verhindern.

(In: Frankfurter Allgemeine Zeitung, 22. 2. 1963; zit. nach: Summa, S. 19)

Hans Egon Holthusen: Brief an Rolf Hochhuth

In der antiken Tragödie, auch wenn es »vernichtend« zugeht, auch wenn ihre Schrecken sich in Gestalt von barbarischen Greueln präsentieren (Medea etc.), wird Sinn entfaltet, unter Tränen und Schaudern offenbart sich ein begreiflicher Zusammenhang des Bedeutens, weshalb denn die Wirkung nicht schlechthin zermalmend, sondern – laut Aristoteles – »kathartisch« reinigend war. In einem »christlichen Trauerspiel« – und ein solches behaupten Sie geschrieben zu haben – brauchen Sie mindestens den glaubwürdigen Märtyrer. Ihr Riccardo hat aber, verzeihen Sie, gar kein rechtes Gewicht, er bleibt zweidimensional, ein Schemen mit einem einzigen richtigen, aber eher politischen Gedanken im Kopf. Zuletzt spielt ihn der »schöne Teufel« weitgehend an die Wand, kraft größerer Wesensdichte, und sterben tut er – das haben Sie vollkommen richtig, zeitgemäß-konsequent gezeigt – einen anonymen Massentod, den niemand bemerkt. Was da zuletzt an die Wand oder in den Rauch geschrieben erscheint, das ist nicht entfalteter Sinn, sondern der reine höllische Widersinn.

(Originalbeitrag in: Summa, S. 23)

Friedrich Luft: Wer ist ohne Schuld?

Die Bühne ist wichtig geworden. Sie zwingt zur Stellungnahme. Sie hat endlich wieder die Funktion einer künstlerisch-elektrischen Entladung. Sie greift endlich wieder über ihre eigene Sphäre hinaus und macht, daß die Leute, die ein Theaterstück wie dieses sehen, selbst Stellung nehmen müssen, daß sie Gewissensforschung treiben, daß sie nicht nur einen Text geruhsam entgegennehmen und beim ersten Bier, was sie im Theater beschäftigte, vergessen haben. Rolf Hochhuths Mischung aus Dramatik, Poesie und Dokument wirkt weiter. Wollen dem Theater dankbar sein, daß es diese Funktion noch zu erfüllen vermag. [...]
Heikel bleibt – da haben Hochhuths Gegner wieder recht – die Mischung aus Dokument und Dichtung, aus der das Drama gefertigt ist. Teils werden tatsächlich

gesprochene, protokollarisch belegbare Texte gesprochen, teils mischt sich dahinein die legitime Erfindung des Autors. Das ist immer heikel. Aber es ist unzulässig nicht. Schiller hat die ihm nächstliegende Gegenwart angepackt in »Kabale und Liebe« und die Verschleppung hessischer Landeskinder durch die Fürsten angeprangert, als die Verschleppung und Menschenschändung tatsächlich noch im Gange war. Büchner hat mit »Dantons Tod« eigentlich genau die Mischung aus Dokument und Erfindung betätigt, die Hochhuth jetzt mit seinem Versuch praktiziert. Und die Französische Revolution lag, als Büchner sein Drama schrieb, nicht viel weiter zurück als für uns die Nazizeit heute. Also: Technik ist erlaubt, sie ist möglich, wenn sie auch immer schwierig und von den Zeitgenossen des Geschehenen und Gezeigten angreifbar und überprüfbar bleibt.

(Rias Berlin, 3. 3. 1963; zit. nach: Der Streit, S. 97 ff.)

Msgr. Erich Klausener: Billig und böse

Hochhuth will Zeitgeschichte auf der Bühne attackieren. Er will uns Pius XII. zum erstenmal in richtigem Licht zeigen. Dann muß er sich gefallen lassen, daß man ihm eine wenn auch »nicht ungeschickte Taschenspielerhand« (Walter Kaul im Berliner ›Kurier‹) nachsagt. Denn er vermischt in seinem Stück Gestalten der Geschichte mit Figuren seiner Phantasie. Da er zudem noch Gestalten der Geschichte in Situationen führt, die nur seine Phantasie erfunden hat, weiß der Zuschauer am Ende nicht mehr, wo Geschichte aufhört und Hochhuths Phantasie anfängt. Bemerkungen der Zuschauer im Theater und die ersten Pressekritiken zeigen, daß Hochhuth am Schluß vieles als »Geschichte« abgekauft wurde, was reine Phantasie ist. So wird kein Beitrag zur Zeitgeschichte geleistet, sondern so fabriziert man Legenden.

(In: Der Feuerreiter, 23. 3. 1963; zit. nach: Der Streit, S. 109 f.)

André Müller: Eine Provokation mit der Wahrheit

Immer wieder werden [...] Abhandlungen vor den Beginn einer Szene gestellt [...] manchmal auch mitten in eine Szene hinein. Gerade dadurch kriegt das Stück das Gewicht des Dokumentarischen, denn der Autor ist natürlich gezwungen, seine historischen oder erfundenen Figuren auf eine Weise agieren zu lassen, die ihre Grenze in diesen Fakten hat, also völlig frei doch dokumentarischen Wert anstrebt.

(In: Die Tat, 16. 3. 1963; zit. nach: Summa, S. 57)

Paul Elbogen: Brief an Herrn Ledig-Rowohlt

... Das Unbeschreibliche ist hier getan worden, nämlich strikte Realität, da und dort Fotografisches, »Grammophonisches«, zu großer Kunst werden zu lassen. Er selbst drückt es im Vorwort zum letzten Akt so aus, das Geschehen sei so irreal

gewesen, daß Reproduktion schon irreal wird. Das mich seit Jahrzehnten beschäftigende Problem: kann (leicht veränderte oder stilisierte) Kopie der Natur jemals zu Kunst werden? Wochenschau? gewiß, Hochhuth hat bewußt rhythmische Prosa gewählt, auch sind die meisten Figuren sozusagen auf Kothurne gesetzt und mit Masken versehen, dennoch ist es Wirklichkeit. Und diese Wirklichkeit wurde – da ein Genius sie (leicht) umformte – zu einem großen Drama. [...]
Hochhuths Gestalten sind scheinbar Abgüsse, aber nur scheinbar. In Wahrheit Konzentrate von Tausenden, die dadurch zum Symbol werden. Wie er es anstellte, werden in Zukunft die Literaturhistoriker »herauskletzeln«.

(Originalbeitrag in: Summa, S. 217)

Susan Sontag: Gedanken zu Hochhuths »Stellvertreter«

Entscheidend für Hochhuths Schauspiel ist, daß er sein Material kaum verwandelt hat. Anders als die Stücke Shakespeares, Schillers oder Brechts steht und fällt Hochhuths Schauspiel mit der getreuen Wiedergabe der vollständigen historischen Wahrheit.
Diese dokumentatorische Intention des Stücks läßt zudem seine Grenzen sichtbar werden. Tatsache ist, daß – ebenso wie nicht alle Kunstwerke auf die Erziehung und Unterweisung des Bewußtseins abzielen – nicht alle Kunstwerke, die eine moralische Funktion erfüllen, gleichzeitig vom künstlerischen Standpunkt aus in hohem Maße befriedigen. [...]
»Der Stellvertreter« ist kein »schönes« Schauspiel, und es braucht nicht unbedingt ein »schönes« Schauspiel zu sein. Aber mag es auch ungeheuer interessant und moralisch wichtig sein: die Frage nach der ästhetischen Qualität läßt sich nicht ausklammern. Was immer »Der Stellvertreter« als moralisches Phänomen sein mag: ein Drama von höchstem Rang ist Hochhuths Stück nicht.

(In: W. Hinck, S. 112)

Rolf Chr. Zimmermann: Hochhuths »Stellvertreter« und die Tradition polemischer Literatur

Es ist nicht zufällig, daß der Text Hochhuths ein Schauspiel mit historischen Notizen vereinigt. Man muß den beide Aussagemedien verbindenden Hauptnenner erkennen: beide Male wendet sich Hochhuth gegen das, was er einmal »Hegelsche Abgeklärtheit« nennt. Pius ist deren Repräsentant, wie Hochhuth deren andere unter den Historikern zu finden glaubt. Ihr nun gilt sein Mißtrauen und sein Kampf, gegen sie nimmt er Partei für eine unabgeklärte Sicht auf die nazistische Judenverfolgung, auf das Leid ohne Zahl und Namen, das doch Gewicht genug hat, nicht den historischen aber den menschlichen Wert geschichtlicher Prominenz – von Hitler bis Eichmann, von Pius bis Weizsäcker – für inskünftige Zeiten zu bestimmen. Aber dazu ist nötig, daß man dieses Leid sieht, daß man es nachzufühlen weiß und dann in Relation setzt zu dem Verhalten der Mächtigen. Und so

sorgt Hochhuth nicht nur für die historischen Urteile, die ihm angemessen erscheinen – in den »Streiflichtern«. Er sorgt dafür, daß das Leid in der Urteilsfindung seine Rolle spielt. Er stellt es den Urteilenden vor Augen, wie es ihm selbst vor Augen stand. Und so greift er über die Darstellung historischer Art, über die Streiflichter hinaus – im eigentlichen Stück. Die Mittel des Dichters, das Schauspiel, das Wirklichkeit wiedergeben will, die Darstellung der geschichtlichen Situation, werden jetzt bemüht, weil es um die Optik geht, unter der Geschichte gesehen werden soll. Das empörte Herz rekurriert auf den konkreten Eindruck, der es verwundet hat, und versucht ihn wiederherzustellen, ihn zu objektivieren. So wird das Schauspiel hier zu einem imaginären, zu einem imaginativen Lokaltermin, ohne welchen das Urteil nicht gesprochen werden soll. Hochhuth verläßt sich auf die Wirklichkeit des Leids, um die »abgeklärte« Geschichtsschreibung genauso ins Unrecht zu setzen wie die abgeklärte Kälte jener Mächtigen, deren Lob sie singt. [...]
Empörung wollen Hochhuths Szenen hervorrufen, und sie sind so sehr auf Eindeutigkeit und Undiskutierbarkeit gearbeitet, daß Fakten-Diskussion unmöglich angestrebt sein kann. Im Stück wie mit dem Stück wird nicht das Bewußtsein angesprochen, sondern die Reaktionskraft des Gewissens, der Pietät, des Herzens – das Gefühl mit einem Wort. Wie bei Brecht ist der »Stellvertreter« deshalb ungerundet, offen. Er will über sich hinaus eine Unruhe erregen, die nun aber – im Gegensatz zu Brecht – emotionaler ist. Mit dem Stück eine Diskussion anzustiften, ist nicht Hochhuths Absicht gewesen. Tatsächlich sind die Theaterbesucher in Berlin nach allen Presseberichten eher erschüttert schweigend als diskutierend nach Hause gegangen.

(Originalbeitrag in: Der Streit, S. 138 f. und 151 f.)

Werner Mittenzwei: Die vereinsamte Position eines Erfolgreichen

Ein Dramatiker, der seine Helden nicht aus gesellschaftlichen, sondern psychologischen Motiven handeln läßt und auf psychologisierende Wirkungen aus ist, kann mit einer individuumsbezogenen Dramaturgie noch auskommen, aber nicht Hochhuth. Er will gesellschaftlich aufhellend wirken. Die Dramatechnik indessen, die er bevorzugt, macht das nur schwer möglich. Deshalb ist Hochhuth dauernd gezwungen, seine Helden entweder historische Analysen vortragen zu lassen oder lange Kommentare in seine Stücke einzumontieren, die nur der Leser, niemals der Zuschauer erfährt. So sind die großen geschichtsträchtigen Passagen in den Dramentexten Hochhuths alles andere als zufällig. Diese Manier ergibt sich folgerichtig aus dem direkten Zusammenhang von weltanschaulicher Konzeption und dramaturgischer Technik. Die dieser Dramaturgie eigene Überfrachtung mit gedanklichen Reflexionen und historischen Erklärungen, die alle über die geistige Physiognomie einer bestimmten Figur vermittelt werden müssen, führt dann auch dazu, daß kaum gestisches Material aufbereitet werden kann.

(In: Sinn und Form, 1974, S. 1264 f.)

Hans Joachim Schrimpf: Die Schaubühne als eine moralische Anstalt betrachtet

Der Autor des ›Stellvertreters‹ vermischt [...] unbedenklich und bewußt historische Figuren mit fiktiven, historische Fakten mit erdachten, weil er die Vergangenheit nicht reproduzieren, sondern durch satirisches Demonstrieren und durch reflektiertes Erzählen zum Exemplum der Gegenwart machen will. Wie Brecht spaltet Hochhuth die Szenen und Vorgänge mittels epischer und kommentierender Einschübe, damit das gleichfalls gespaltene Publikum »mit dem Urteil dazwischenkommen« kann. Der Zuschauer soll keineswegs allem zustimmen, sondern im Gegenteil sein eigenes Wissen, sei es persönliche Erfahrung, Einsicht oder Vorurteil, mitbringen und vergleichen. Er darf und soll sich empören, wenn er nur dazu gebracht wird, den Fall erneut aufzurollen, der Gegenwart und Zukunft belasten und vergiften muß, sobald er als erledigt liegenbleibt und in der Vergessenheit verschwindet.

(In: W. Hinck, S. 94)

Egon Schwarz: Rolf Hochhuths »Der Stellvertreter«

Der letzte Akt ist mißlungen. Zu der Behauptung, das Problem Auschwitz sei menschlich und künstlerisch nicht zu bewältigen, kann ich mich nicht entschließen. Warum soll etwas von Menschen Inszeniertes nicht auch auf der Bühne in Szene gesetzt werden können?
Aber Hochhuths gut ersonnene und sorgfältig vorbereitete Theatereffekte werden durch ganz Handgreifliches verdorben. Zum ersten beherrscht der Doktor, jene Widerlegung aller Verantwortlichkeit, die ganze Szene. Gegen ihn ist einfach nicht aufzukommen, und wo er ist, da gibt es keine Abrechnung mehr. Zum zweiten fehlt der im letzten Akt entfalteten Groschenhefterotik jeder Tiefgang. In jeder schlüpfrigen Boulevardfarce fiele sie unter das geduldete Niveau. Auch die bisher trotz mancher Schwankungen durchgehaltene Sprache versagt auf einmal. So sehr hat sie sich auf der bewährten »mittleren Höhe« eingespielt, daß sie sich nicht auf den Gipfel der theologischen Gespräche zwischen dem Doktor und dem Priester aufschwingen kann. Vor allem aber wird der Strahl erhabenen Grauens, den der Autor angesichts der furchtbaren Scheiterhaufen über die Bühne werfen möchte, durch das melodramatische Räuber- und Gendarmspiel ausgelöscht, mit seinen Verkleidungen und Verwechslungen, seiner unglaubwürdigen grotesken Schießerei auf offener Bühne, die die zweite Hälte des Akts beherrschen. All das dient zugegebenermaßen dem notwendigen Ziel des Autors, die »Guten« am Ende des Stücks aus dem Weg zu schaffen, aber es bleibt eine Methode, die besser zu einem Wildwestfilm gepaßt hätte als in ein Drama, in dem es um Sinn und Wert unserer ganzen Kultur geht.

(In: W. Hinck, S. 144 f.)

Heinz von Cramer: Nicht Hochhuth ist der Demagoge

Hochhuths Stück, das also die Auseinandersetzung mit unserer Vergangenheit zu erweitern, zu vertiefen versucht, vermeidet in erstaunlichem Maße polemische Effekte, demagogisches Pathos, es ist einfach, direkt, mehr ergriffen als angreifend geschrieben, mit viel Ernst, Verantwortungsgefühl und immer mit dem Wunsch, gerecht zu bleiben. Dabei gelingt es dem Autor, und das scheint mir bewundernswert, große dramatische Szenen aufzubauen, die ihre Kraft allein aus dem Wort, aus der dialektischen Spannung beziehen. Die Grenzen des Stückes liegen allerdings in seiner konventionellen Form, die konventionelle Handlungsverknüpfungen bedingt, recht überflüssige Konstruktionen, Brücken, Gruppierungen, die eigentlich nur Scharniere sind zwischen den großen und wesentlichen Szenen.

(In: Die Zeit, 15. 3. 1963; zit. nach: Summa, S. 49)

Barbara Klie: »Der Stellvertreter« – Drama oder Pamphlet?

Hat Hochhuth mit seinem »Stellvertreter« wirklich ein Drama geschaffen oder nur ein bühnenfertiges Pamphlet, in dem historische Vorgänge und historische Persönlichkeiten angeprangert werden? Für ein Pamphlet war sein Sinn für Problematik zu groß; für ein Drama zu gering. Es ist eine Mischform entstanden, die gerade in ihrer Halbheit und Unausgegorenheit die Diskussion über dieses Stück lange wachhalten wird. Geklärt wird durch das Stück nichts. Klar wird nur, daß offenbar eine ganze Reihe von Problemen reif ist, nicht mehr nur »unter Fachleuten« sondern von einer größeren Öffentlichkeit behandelt zu werden. Daß der Anlaß dazu ein formloses Stück ist, sollte kein Hindernis sein.
Piscator muß das Stück feurig inszeniert haben, um die Banalität des Textes vergessen zu machen. Nicht weil er von Gedanken überquillt sondern weil die Gedanken schlecht gegliedert sind und die Sprache lasch und naturalistisch ausführlich ist, wurde dieser Text so lang, daß er ungekürzt eine Acht-Stunden-Aufführung verlangt.
»Ich konnt im Schlafwagen kein Auge zutun./ Nur die Reise hat mich angestrengt, Vater,/ persönlich fehlt mir nichts ...« »Mama hätte sich gefreut – wie sie uns doch / im Hause fehlt und überhaupt ...« (Riccardo zu seinem Vater). »Aus engsten Verhältnissen gelangte der Kardinal hinauf – er mußte sich wohl ... viel zu schaffen machen, als er noch schlank war ... und als zu seinen großen hellen Augen, die immer mitlachten, schwarze Locken den verwirrenden Gegensatz bildeten.«
Das ist purer Kitsch, der die Qualifikationen des Autors, feinere Probleme adäquat zu erfassen, in Frage stellt. Den Zoten und bösen Rüpeleien in den SS-Kasinos – Piscator vergleicht hier mit Zuckmayer (»Des Teufels General«) – mag er gerecht geworden sein. Den Papst und seine Mitarbeiter läßt Hochhuth zeitweise so sprechen, wie ein forscher Gymnasiast in einer Abiturzeitung sie sprechen lassen würde. Hier ist der ahnunglose Provinzialismus des Autors, der nicht durch überlegene Vorstellungskraft, sondern durch Demagogie gelenkt wird, erschrekkend. Nicht, daß Hochhuth scharf geworden wäre, ist ihm vorzuwerfen, sondern

daß er nicht genug Welterfahrung gezeigt hat, um das Scharfe zu schärfen, aber Albernheiten zu unterdrücken.
Wer so viel Demagogie im Text der Handelnden, vor allem aber in den Regieanweisungen unterbringen muß – gesteht er nicht damit ein, daß seine Figuren nicht richtig geformt, die Charaktere nicht richtig placiert sind im Spiel, daß er ein unzulänglicher Dramatiker ist?

(In: Christ und Welt, 15. 3. 1963; zit. nach: Summa, S. 43)

6 Zur Theatergeschichte des Werkes

6.1 Einführender Überblick

Der Stellvertreter wurde am 20. 2. 1963 von der Freien Volksbühne Berlin im Theater am Kurfürstendamm unter der Regie Erwin Piscators uraufgeführt. Diese Inszenierung erreichte insgesamt 117 Aufführungen. Vor der zweiten bundesdeutschen Inszenierung in Frankfurt am Main am 15.2. 1964 gab es Aufführungen in Stockholm (7. 9. 1963), Basel (24. 9. 1963), London (25. 9. 1963), Odense (20. 11. 1963), Paris (9. 12. 1963), Bern (17. 12. 1963) und Wien (24. 1. 1964). Frankfurt hatte die Rechte für die zweite bundesdeutsche Aufführung nur wenig später als die Freie Volksbühne erworben, mußte aber auf den Neubau des Schauspielhauses warten – und damit auch die übrigen nach dem Berliner Erfolg nunmehr an dem Stück interessierten Bühnen. Bochum, Düsseldorf und Essen brachten einen Tag nach Frankfurt ihre Inszenierungen heraus; Hamburg folgte am 17. 2., Bremerhaven und Bielefeld am 22. 2. 1964. Insgesamt gab es in der Spielzeit 1963/64 13 Inszenierungen in der Bundesrepublik mit zusammen 504 Aufführungen. Weltweit hat es über 60 Inszenierungen gegeben, wobei die Pariser Produktion Peter Brooks mit 346 Aufführungen die längste Laufzeit überhaupt erreichte.

Für den Ostblock gab Hochhuth das Stück erst 1966 frei, worauf es in der DDR zuerst in Greifswald (20. 2. 1966), dann, bis 1968, in 12 weiteren Städten aufgeführt wurde. Auch in Jugoslawien, Polen, Rumänien, Ungarn und der Tschechoslowakei gab es eigene Inszenierungen.

Die *Stellvertreter*-»Welle« in der Bundesrepublik war schon zuvor abgeebbt. Am 12. 9. 1970 gab es erst wieder eine Neuaufführung im Düsseldorfer Schauspielhaus; im November 1977 folgte eine Neueinstudierung der Bühne der Stadt Celle, und in der Spielzeit 1983/84 gaben die Bühnen der Landeshauptstadt Kiel den *Stellvertreter*.

Auffällig schon an diesem bloßen Zahlengerüst einer Aufführungsgeschichte ist die relativ geringe Anzahl von bundesdeutschen Produktionen, die in gar keinem Verhältnis steht zu dem publizistischen Echo und der *Stellvertreter*-Debatte: »Mit Ausnahme von Bochum und Frankfurt wird ›Der Stellvertreter‹ von Deutschlands großen Bühnen bestreikt und hinter dem künstlerischen Vorwand [...] steht in fast allen Fällen die Befürchtung, man könne sich in der einen oder anderen Hinsicht exponieren« (Jochen Schmidt in: Der Mittag vom 29. 2. 1964). Offenbar setzte sich unter den deutschen Intendanten der aus Konfliktängsten geborene Prozeß der Selbstzensur fort, der auch schon beim ersten Publikationsversuch des Stückes wirksam war.

Auch die Berliner Uraufführung stand unter Skandalerwartungen: Die Katholische Nachrichtenagentur veröffentlichte bereits vor der Premiere Textauszüge zusammen mit empörten Kommentaren. Weil Piscator allen an der Aufführung beteiligten Personen ein Schweigegebot hinsichtlich Themen und Tendenz des

Stückes vor der Premiere auferlegte, steigerten sich entsprechende Erwartungen noch. Dann allerdings blieb »Wer zu Sensation und Handgemenge im Parkett erschienen war [...] enttäuscht« (Friedrich Luft in: Die Welt vom 23. 2. 1963). Auch bei den übrigen Aufführungen in der Bundesrepublik hat es »Störungen aus dem Zuschauerkreis [...] nirgends gegeben. [...] Vor dem Bochumer Theater verteilten junge Leute eine katholische Wochenzeitung, die in BILD-Aufmachung mit einem zweizeiligen Schlagzeilenbalken Sensation erregen wollte: ›Attentat Hochhuths in Bochum und Essen‹. Andere junge Leute zündeten dann auf dem Theaterplatz ein Feuer an, in dem sie dieses Elaborat verbrannten.« (Die Zeit vom 15. 4. 1964) Davon und von gelegentlichen Flugblatt-Verteilungen abgesehen, bewahrte die Zurückhaltung der Intendanten der großen deutschen Bühnen ihre Städte vor spektakulären Konflikten.

Ganz anders sah dies bei den Premieren im westeuropäischen Ausland aus – abgesehen von der Stockholmer Inszenierung am Theater Ingmar Bergmans, die von der Kritik kontrovers, vom Publikum unterkühlt aufgenommen wurde, sowie der Aufführung in Rotterdam.

In Basel gab es »tagelange Demonstrationen und Gegendemonstrationen, nachdem katholische Kreise vergeblich ein Verbot gefordert hatten. Am ersten Aufführungstag waren etwa 6000 Demonstranten pro und contra Hochhuth aufmarschiert, das Theater von der Polizei abgeschirmt. Einige der Parolen auf Transparenten lauteten: *Hochhuth damals ein Knabe. Darf Hochhuth das Naziregime entlasten? Bringt uns endlich Schweizer Dramatiker! Hochhuth will die Deutschen exkulpieren. Der ›Stellvertreter‹ muß abgesetzt werden.* [...] in Bern wurden Drohbriefe und Bombendrohungen gegen die geplante Aufführung verschickt, in Zürich befaßte sich der Gemeinderat mit einer von den Sozialisten vorgeschlagenen ›Stellvertreter‹-Inszenierung, doch die Christsozialen lehnten ab, weil es *einen großen Teil der Zürcher Bevölkerung beleidigen und den konfessionellen Frieden* beeinträchtigen würde«. (Otto F. Riewoldt in: Text + Kritik, H. 58, 1978, S. 6) Schon in Basel gab es Prügeleien vor dem Theater; in Paris gab es organisierten Protest, Flugzettel-Würfe, Stinkbomben und Tätlichkeiten *im* Athenäum-Theater, sogar der Darsteller Pius' XII. wurde tätlich angegriffen. In Rom wurde das Stück unter Berufung auf das Konkordat von 1929 verboten. Weil damit eine öffentliche Theateraufführung unmöglich war, gründete der Schauspieler Gian Maria Volonté einen privaten Verein und mietete eine aufgelassene Kirche für eine Vereinsaufführung im Februar 1965. Die Polizei verhinderte jedoch eine Aufführung, worauf das Ensemble die Krypta der Kirche zur »belagerten Festung« erklärte und in einen Hungerstreik trat. Schließlich fand trotz des Verbots eine Aufführung in einem Magazin des Verlegers Fetrinelli statt. In Spanien und Brasilien wurde der *Stellvertreter* ebenfalls verboten.

BERLINER URAUFFÜHRUNG AM 20. 2. 1963

(Regie: Erwin Piscator, Bühne: Leo Kerz)

(In der Berliner Fassung sind die elf Szenen des Stückes zu sechs Bildern zusammengestrichen. Es fehlen die »Jägerkeller«-Szene I,2, die erste und dritte Szene des dritten Aktes, und durch weitere Striche innerhalb der einzelnen Szenen wird das Stück stark auf den Konflikt Riccardo – Papst zugespitzt.)

Jüngste Geschichte auf der Bühne (Walther Karsch)

Aus dem Original, das der zweiunddreißigjährige Rolf Hochhuth als seinen Bühnenerstling vorlegt, hat Erwin Piscator mehr als die Hälfte gestrichen. Dadurch hat Piscator nicht nur alle kommentierenden Nebenzweige der Haupthandlung eliminiert, er hat das gewiß im Original kaum spielbare, dennoch vielschichtige Stück auf eine Schicht reduziert: auf das Verhalten Papst Pius' XII. zu den Judenverfolgungen. [...]
Dem SS-Doktor, der in Auschwitz die Selektionen leitet und in dem Hochhuth einerseits die Unmenschlichkeit personifizieren, andererseits sie als ungreifbaren Geist manifestieren wollte, reduziert Piscator die Rolle bis auf die Schlußszene in Auschwitz, wo er mit dem sich freiwillig als Stellvertreter des Stellvertreters Christi, des Papstes, opfernden Pater Riccardo ein höchst zynisch-gottlästerliches Gespräch führt. Auch Helga, die Braut eines Auschwitz-Offiziers und freiwillig-unfreiwillige Geliebte des unheimlichen Doktors, fällt ebenso dem Rotstift zum Opfer wie etwa Eichmann. Piscator gibt also nicht den Querschnitt, den Hochhuth durch die SS, die Armee, die Rüstungsindustrie, die jüdischen Opfer, das Volk ziehen wollte, gibt damit also auch nicht den Kontrast dieser von Hochhuth geschaffenen Wirklichkeit zu der angeblichen Wirklichkeit des Papstes [...].
Natürlich tat Piscator recht daran, das im Original szenisch wohl kaum zu bewältigende Stück spielbar zu machen. Doch die Opferung von fast zwei Dritteln der Figuren Hochhuths verdünnt das Stück zu einem Lehrstück. Was es nicht sein soll. [...]
Piscators Inszenierung auf der von Leo Kerz nüchtern realistisch eingerichteten, im Schlußbild allerdings von einem falschen Plakatstil beherrschten Bühne ist das Beste, was er bisher in seinem Theater gezeigt hat. Er baut die Diskussionen geschickt auf, er vermeidet, daß seine Spieler ins Dozieren geraten (bei Pius XII. ist das leider unvermeidlich, weil der Autor ihn fast immmer nur [...] reden läßt, als spräche er ex cathedra). Weiter dämpft Piscator die Exaltationen Riccardos und gibt dem Schlußgespräch zwischen dem SS-Arzt und Riccardo erhebliche Spannung, indem er diesen seine Verzweiflung und seinen Abscheu ganz nur aus der inneren Sammlung gestalten und die Zynismen jenes im diffusen Bühnenlicht als Emanationen des Ungeistes erscheinen läßt.

(Der Tagesspiegel, Berlin, 22. 2. 1963)

Der Christ in der Hölle der Barbarei (Friedrich Luft)

Die Szene wird zum Tribunal. Und nur der Ankläger hat in diesem Gerichtstag das Wort. Dann setzten Proteste des Publikums ein. Dieter Borsche, in der fast phototreuen Maske Pacellis, muß sich Zwischenrufe gefallen lassen. Wenn es dem Gläubigen schon schwer sein muß, den vorletzten Papst auf der Szene zu finden, schwerer noch muß es ihm sein, diesen Papst im dargestellten Versagen so ausführlich sich winden zu sehen.

Piscator rafft den Schluß. Der junge Jesuit, mißverstanden am Stuhl Petri, seiner tiefen Herzensverwundung verwiesen und in seinem Glauben an Gottes Kirche irre geworden, geht an die Front seines mitleidenden Herzens. Er legt den Stern eines geretteten Juden an die Soutane. Er rückt ein in Auschwitz und teilt die Qual und den Tod der Millionen [...].

Diese Szene, so groß gedacht, so hochherzig entworfen, dem Entschluß und dem Schicksal des historischen Paters Kolbe nachgezeichnet – diese Szene bleibt hier leider theatralisch, nichts als das. (Die Welt, 22. 2. 1963)

Die Fehlbarkeit des Papstes oder der unteilbare Christus (Willy H. Thiem)

Erwin Piscator hat das Stück auf das Überschaubare gekürzt, hat es sachlich intensiv, ohne falsche Propaganda, ganz textbezogen und unmittelbar inszeniert. Und damit gelang ihm, gerade im Verzicht auf die Mittel des billigen Krawalls und der plakativen Banalbetonungen, an die er sich so gern verliert, gelang ihm in der Strenge und Bescheidung seine wirkungsvollste und künstlerischste und dichteste Leistung seit Jahren.

Hans Nielsen [...] erwies sich als der große Diplomat und Kurienkardinal als Charakterdarsteller von ungewöhnlichem Format, er verfeinerte, auf die delikateste Weise, Nuancen, die sich leicht zur Charge hätten erniedrigen lassen, und spielte mit souveränem Takt den christlichen Dialektiker.

Dieter Borsche war der spannungs-souveräne Mittelpunkt der Papstszene als Pius XII. Das Schwierigste – und Gefährlichste – ist selbst in Augenblicken spontanen Zwischenrufs, wie am Premierenabend, mit hinreißender Sicherheit geprägt.

Günther Tabor als der junge Fontana, der unermüdliche Akteur der Gewissensqual, und Siegfried Wischnewski als Gerstein, der Spion Gottes in der KZ-Welt, SS-Offizier in gefährlichster Tarnung, der wohl weiß, daß er für die Nachwelt den Mördern zum Verwechseln ähnlich sehen wird – sie spielen in gleicher Weise abendfüllend und vollendet spannungsgenau.

(Abendpost, Frankfurt/Main, 14. 4. 1963)

Der Stellvertreter in München. Gastspiel der Berliner Freien Volksbühne (Hanns Braun)

Und nun kommt dieses Stück, wenn auch nur durch die Hintertür eines Berliner Gastspiels [...] nach München und ist für jeden, der es gelesen hat, eine Enttäuschung.

Denn gerade die Szenen, welche die Basis bilden für Hochhuths Anklage, sind radikal weggestrichen. Weder lernt man die diabolische Umwandlung deutscher Menschen kennen, die »eine Sache um ihrer selbst willen tun« und ganz gemütlich ihren Dialekt dazu reden, auch wenn diese Sache grausig ist, noch sieht man den Terror der SS in Aktion, weil die Szene, in der die jüdische Familie Luccani in Rom verhaftet wird, ebenso ausfällt wie jene andre, in der die Gefangenen im römischen Hauptquartier der Gestapo zusammengetrieben und gehunzt werden. Vollends ist Auschwitz, der Schreckensort mit seinen Gaskammern und Verbrennungsöfen, fast nur noch Staffage: die Schlußtiraden jenes »Doktors«, in dem Hochhuth den Teufel in Menschengestalt zeigen wollte, fallen ins Leere; die Figur verlor ihre ganze Exposition, und Richard Häußler [...] konnte das Dämonische in diesem adrett-eitlen Sadisten nicht nachliefern.
Der Grund, den der Inszenator Erwin Piscator für seine Berliner Bühnenadaption ins Feld führt, war der: Hochhuths Werk sei für eine Abendvorstellung viel zu lang, und das ist richtig. Aber warum hat man, wenn es einem um diese Sache in extenso zu tun war und man das ungewöhnliche Beteiligtsein der Öffentlichkeit alsbald in Rechnung stellen durfte, nicht auch was Ungewöhnliches getan und das Stück auf zwei Abende nacheinander verteilt, statt solchen Aufwand ausschließlich Richard Wagner zu überlassen?
Was jetzt auf der Bühne übrigbleibt, ist jedenfalls nur diejenige Strähne, die des jungen Jesuitenpaters Riccardo Fontana vergebliches Bemühen vor Augen stellt, die Kurie und den Papst persönlich zu einem Protest gegen Hitlers Judenmorde zu veranlassen, und in seinem Opfergang nach Auschwitz endet. Daß nunmehr vorzugsweise Figuren ins Scheinwerferlicht rücken, die gutes Essen und den Sekt lieben wie der sanguinisch plappernde Kardinal (H.W. Hamacher), oder den Gehorsam und die formale Ordnung höher stellen als einen nur noch durch Auflehnung und Hinterlist zu erzielenden Protestschrei der Empörung, das finde ich nicht einmal für Hochhuths Absichten ersprießlich. Denn des Zuschauers Emotionen werden durch nichts so geweckt wie durch das, was er sieht. Und was geschieht bei Piscator? Die ganze Hitlerei ist nur noch im Reflex und Hörensagen gegenwärtig; dorthin hat sie sich lautlos empfohlen, und das wirkt schwächend, um nicht zu sagen: entschuldigend. (Süddeutsche Zeitung, 22. 2. 1964)

STADTTHEATER BASEL AM 24. 9. 1963
(Regie: Ernst Kuhr, Bühne: Peter Bissegger)

(Die in Basel gespielte Variante zum fünften Akt ist in der Buchausgabe des »Stellvertreters«, S. 281 ff., abgedruckt.)

Mit Gummiknüppeln. Tumulte bei der Baseler Uraufführung von Hochhuths »Stellvertreter« (Rolf Michaelis)

Die Aufführung fand in einem Theater statt. Also muß sie kritisiert werden, auch wenn man fast unüberwindliche Hemmungen empfindet, das, was auf der Bühne geschieht, theatralischen, dramaturgischen, auch literarischen Kategorien zu unterstellen. Hochhuth hat dem Regisseur *Ernst Kuhr* bei der Einstudierung der neuen Fassung geholfen. [...] Die Basler Aufführung verzichtet auf die zweite Szene des ersten Aktes, auf die satirische Darstellung von Parteigrößen und Industriellen im »Jägerkeller«. Nach der Szene in der Nuntiatur folgt der Kleidertausch zwischen dem rebellischen Priester Riccardo und dem bei Gerstein versteckten Juden. Dann werden zweiter Akt und die beiden ersten Szenen des dritten gespielt.

Danach die entscheidende Umstellung: Als fünftes der sieben Bilder läßt Hochhuth die große Papstszene (4. Akt) *vor* der Gestaposzene (3. Akt, 3. Szene) spielen. Zum Schaden des moralischen Aufrufs, wovon hier mit mehr Recht als von dramatischer Wirkung zu sprechen wäre. Denn nun sinkt das Niveau eines polemisch vorgetragenen Ansporns zu kritischer Selbstprüfung auf den Ton satirischer Landserdramatik herab. Der über Mikrophon verlesene Brief Weizsäckers aus Rom 1943, die drei Monologe, die als einzige aus dem umfangreichen fünften, in Auschwitz spielenden Akt übriggeblieben sind, und die Verlesung der in ihrer Nüchternheit bedrückenden Schlußsätze Hochhuths können die provozierende, aber lautere Stimmung der Hauptszene nicht wieder schaffen.

So endet das Stück zufällig. Die zweite Hauptfigur, Gerstein, wird einfach vergessen. Riccardo, der ja nicht in Auschwitz gezeigt werden kann, muß in der Gestaposzene stumm vorgeführt werden, damit der Zuschauer vom Martyrium des jungen Jesuiten überhaupt etwas erfährt. [...] Eine der Hauptfiguren, der Doktor, tritt überhaupt nicht auf.

Die neue Bühnenfassung [...] ist, unter dramaturgischen Gesichtspunkten betrachtet, unbefriedigend. Nach der szenischen Darstellung verstärkt sich der Eindruck: »Der Stellvertreter« entdeckt seine (künstlerischen) Qualitäten nur dem Leser. Der Zuschauer der gestrafften Aufführung in Basel, die nach den Worten Friedrich Schramms »einige unnötige Schärfen des Textes beseitigt«, nimmt mit Qual wahr, wie schwierig es ist, Vorgänge der jüngsten Geschichte in einer Mischung aus Dokumentation und Dichtung (in Verszeilen stilisierte Sprache) szenisch darzustellen.

Die Regie war um statuarische Strenge bemüht. Karikatur in Sprache und Gestik wurde vermieden. Vor dem aus wenigen Versatzstücken gebildeten Bühnenbild *Peter Bisseggers* spielte ein großes Ensemble [...].

(Stuttgarter Zeitung, 26. 9. 1963)

Schweizer Theater um Rolf Hochhuth (dpa)

Theaterdirektor Schramm, der sich vor Beginn der Aufführung beim Publikum für die kleine Verspätung entschuldigte, wurde mit großem Applaus begrüßt. Schon bis zur Pause gab es immer wieder Szenenbeifall, aber auch vereinzelte Mißfallensäußerungen. Einer der Zwischenrufer wurde von Beamten, die in Zivil der Aufführung beiwohnten, aus dem Theater geführt. Viel Beifall und vereinzelt Pfiffe gab es zum Schluß der Premiere. Der Autor zeigte sich zusammen mit den

Schauspielern mehrere Male dem Publikum. Die Bravo-Rufe für ihn, die Schauspieler und das Stück überwogen bei weitem.
Hochhuth hat für die Aufführung in Basel sein Stück erheblich überarbeitet, diese »Bühnenfassung« ist für alle Aufführungen verbindlich. Die Handlung des Schauspiels konzentriert sich jetzt völlig auf den jungen Jesuitenpater Riccardo. [...] Die Gestalt des Papstes, die in der Originalfassung abwertende Züge hatte, ist durch geschickte Kürzungen jetzt so weit verändert, daß das Verhalten des Papstes nicht mehr so herausfordernd unverständlich bleibt.

(Der Tagesspiegel, 26. 9. 1963 u. a.)

STÄDTISCHE BÜHNEN FRANKFURT AM MAIN AM 15. 2. 1964
(Regie: Imo Moszkowicz, Bühne: Franz Mertz)

Riccardos Biographie (Helmuth Krapp) (Dramaturgischer Bericht)

Da der vollständige Text nicht spielbar ist, steht jedes Theater, das dieses Stück aufführt, vor einer Wahl mit vielen tauglichen Alternativen. Wahrscheinlich kann jede Version so viel Gründe für sich beanspruchen, wie es Einwände gegen sie gibt – es wird davon abhängen, in welchem Motiv man das Thema fixiert. [...]
In Frankfurt gibt die Biographie Riccardos den Ausschlag. Unabhängig von dieser Rücksicht wird die 2. Szene (Jägerkeller) gespielt. Sie ist um die Mehrzahl der vorgegebenen Figuren verkürzt, im Mittelpunkt stehen Hirt und Eichmann und – am Ende Gerstein. Die Szene ist nötig, damit das Stück nicht aus der Balance gerät und die Anklage gegen den Papst nicht eine scheinbare Entlastung der Nazis zur Folge hat. [...]
Die 3. Szene, Gersteins Wohnung, ist ganz auf die Auseinandersetzung Riccardo – Gerstein konzentriert. Der Auftritt des Doktors wurde gestrichen, die Figur des Jacobson auf ihre dramaturgische Funktion gekürzt. Der 2. Akt (Haus Fontana) wird mit unwesentlichen Strichen vollständig gespielt. Die 1. Szene des 3. Aktes, die Verhaftung der Familie Luccani, ist gestrichen. Die 2. Szene, im Arbeitsraum des Ordensgenerals, wird gespielt und führt zum Zusammenbruch Riccardos. Die 3. Szene, im römischen Hauptquartier der Gestapo, bleibt gleichfalls erhalten [...]. Der 4. Akt [...] wird mit unwesentlichen Strichen gespielt. Aus dem 5. Akt, Auschwitz, ist der wesentliche Dialog zwischen dem Doktor und Riccardo herausoperiert. Alle anderen Figuren sind gestrichen. [...]
Aus der Aufführung ist alles ausgemerzt, was wie pure Polemik wirken könnte. Der Papst ist eher als Institution denn als ein psychologisch definiertes Individuum inszeniert. Es wird gezeigt, daß er schwer und belastet und einsam um die Entscheidung ringt, die ihm aufgegeben ist, und es wird festgestellt, daß es eine falsche Entscheidung war.

(Dramaturgische Berichte über den »Stellvertreter« von sieben Theatern. In: Theater heute 5/1964, H. 4, S. 30 f.)

Verkitschtes Grauen (Tilmann Moser)

Jede Inszenierung wird vor dem Problem der Kürzungen stehen [...]. Fraglich wird das Streichen nur, wenn das Gefüge ins Wanken kommt und einzelne Szenen losgelöst wie Genrebilder in der Luft hängen. Dies ist Imo Moszkowicz in Frankfurt am Anfang beinahe und am Ende massiv passiert. [...]
Die Sauf- und Kegelszene im SS-Bierkeller hat fast ausschließlich die Funktion, die obersten Mörder zu zeigen, zu entlarven. Dramatische Spannung ist noch kaum vorhanden, es ist eine atmosphärische Einführung in den Kreis der großen Planer und Exekutoren. Das Gelingen der Szene hängt von der Präzision der Atmosphäre ab [...]. Hier hat sich Moszkowicz mit Halbheiten begnügt und nicht genügend orchestriert [...]. Die gutmütige Besoffenheit aller, hinter der Grausamkeit lauert, trägt nicht. Der Raum ist zu offen und zu weit, die Clique kommt nicht recht in Fahrt. Aber dann kommt großes historisches Theater, dem das Publikum atemlos gespannt und beklemmt folgt. Michael Degen als Riccardo, den die erste Ahnung seiner Berufung schon ergriffen hat, im Dialog mit dem Nuntius in Berlin, stößt in Rom auf seinen Vater Fontana, nimmt sich gehorsam zurück in die Bescheidenheit des Sohnes. [...]
Sehr sicher läßt Moszkowicz die Dichte der Szenen wachsen. Die Verhaftung der römischen Juden fiel der Streichung zum Opfer, man hätte sie sich gewünscht, weil sie zur eisigen Ruhe des Papstes, unter dessen Fenstern sie geschieht, den vorbereitenden Kontrast darstellt. Dafür ist die Szene im römischen Hauptquartier der Gestapo fast voll ausgespielt. [...] Auch die SS hat Angst, und Rudolf Krieg als deutscher Polizeichef in Rom spielt sie voll aus, als Angst des befehlsausführenden Organs vor der politischen Verantwortung. [...]
Dann kommt der Papst. Es gelingt Hans Caninenberg vom ersten Augenblick an, eisige Gemessenheit zu verbreiten. Mit mathematischer Härte baut er die politische Kalkulation auf [...].
Doch nach diesem Punkt sinkt auch die ganze Inszenierung in sich zusammen. Der ganze fünfte Akt ist gestrichen bis auf kleine Teile. Sicher mit Recht, denn er hätte eines neuen Regisseurs bedurft. Im Dunkeln brüllen ein paar SS-Bonzen herum, unkenntlich und mit Mühe verständlich. Dann gaukeln Häftlinge vorüber, in groteskem Hüpfschritt. Das Unheimliche ist intendiert, aber nicht gefunden. Und von der Wucht des ganzen Aktes bleibt ausgerechnet die »Diskussion« über Gott übrig zwischen dem Doktor und Riccardo, die nach der Spannung der Papstszene unsagbar literarisch wirkt. [...] Es bleiben Worte, die auch die verlegen wandernden Lichtkegel nicht beleben. In leerer apokalyptischer Pose stehen sich Gerstein (Hans Korte) und Riccardo wieder gegenüber und versuchen, den Handlungsverfall mit hohl-expressionistischen Anrufungen aufzuhalten, ohne die leere Dämonie der Dunkelheit auch nur annähernd zu erfüllen. Nachdem die Sprache Instrument des Ringens um große Entscheidungen war, versagt sie sich als Gefäß der Deklamation. Und dies so sehr, daß auch die Monologe des Alten und des Mädchens zum Schluß fast peinlich als rezitierter Kitsch wirken.

(Stuttgarter Zeitung, 18. 2. 1964)

KAMMERSPIELE DÜSSELDORF AM 16. 2. 1964
(Regie: Hansjörg Utzerath, Bühne: Heinz Balthes)

Verfremdung (Herbert Hauck) (Dramaturgischer Bericht)

Die Kammerspiele Düsseldorf legten ihrer Inszenierung des »Stellvertreters« [...] eine dramaturgische Einrichtung zugrunde, die einerseits von dem Gedanken ausging, trotz der [...] Kürzungen einen möglichst umfassenden Gesamteindruck des Stückes zu vermitteln, also nicht nur eine Szenen-*Auswahl* zu spielen oder womöglich das Stück zu »entschärfen«.
Dem Rotstift fielen polemische Formulierungen, Unwahrscheinlichkeiten der dramatischen Handlung und vor allem der reichlich vorhandene »Geschichtsunterricht« des Textes zum Opfer. So wurden bei einer Gesamtspieldauer von etwa drei Stunden alle neun Bilder auf die Bühne gebracht. [...]
Zum andern diente die Einrichtung des Textes der Regie-Konzeption: kein einseitiger Angriff auf die Figur des Papstes Pius XII. sollte herausgearbeitet werden, sondern vielmehr der tragische Irrtum der Figuren Riccardo und Gerstein, die von der Kirche ethisches oder moralisches Handeln erwarten und verlangen, anstatt zu begreifen, daß die Kirche als politische Macht reagiert. Entsprechend verwendete die Inszenierung [...] die Spielweise der dramatischen Chronik. Es entstand eine Verfremdung, indem die Bilder nicht als »illusionistisches Theater« abgewickelt wurden, sondern der dokumentarische Gehalt mit den sichtbar gemachten Mitteln des Theaters aufgezeigt wurde: die einzelnen Bilder [...] wurden bei offenem Vorhang aus der leeren Bühne mit sichtbarem Bühnenapparat (Scheinwerfern, Kabelanschlüssen, Dekorationsgestänge, Beleuchter- und Tonpult nebst Personal) mit sparsamen realistischen Details entwickelt. Die Schauspieler, in vollem Kostüm, kündigten jeweils Ort und Zeit der Bilder selbst an.

(Dramaturgische Berichte [...]. In: Theater heute 5/1964, H. 4, S. 31)

Warum Carl Zuckmayer ihn lobte (Johannes Jacobi)

Ich finde noch jetzt ganz unbegreiflich, was sich *Hansjörg Utzerath* [...] da gedacht hat.
Daß sich Utzerath in seinem eigenen Theater mit halb dilettantischen Leistungen zufriedengeben muß, mag (selbstgewähltes) Schicksal sein. Im »absurden« Bereich hat Utzerath auch in Düsseldorf schon schlüssige Regieleistungen gezeigt. Wie aber konnte er mit einem so einseitigen bis unzulänglichen Personal nach einem Stück des Bühnenrealismus greifen?
Regisseuren, die ihren persönlichen Rang bereits bestätigt sehen, gilt alles als machbar. Also ließ Utzerath ein illusionistisches Stück betont anti-illusionistisch spielen und bemühte dafür die vermaledeite »Verfremdung«. Da sind auf offener Bühne [...] alle Eingeweide eines Miniaturtheaterbetriebs sichtbar. Schauspieler mit Umbauverpflichtung tragen die Requisiten herbei und sagen die Szene an.

Inkonsequenterweise spielen sie nicht in Trainingsanzügen, sondern in illusionistischen Kostümen.

(Die Zeit, 10. 4. 1964)

Rückblick auf Hochhuth (Albert Schulze-Vellinghausen)

In den Kammerspielen Düsseldorf [...] stritten zwei Prinzipien miteinander. Wie in einer Studio-Aufführung besorgten die Protagonisten den Umbau. Das gab der Sache viel wünschbare Irrealität. Leider aber beließ man den Szenen schwatzhafte Ausführlichkeit. Das machte zumal die Auschwitz-Bilder kaum noch erträglich. Edelkonkurrenz zwischen Pater Riccardo und Jacobson vor den Türen der Vernichtung – das glitt schnurstracks ab zu Vereinstheater. [...] Mag aber auch sein, daß – in einer sonst präzisen Besetzung – der noch sehr schülerhaft junge Riccardo zu schwach war, dem papiernen Text eigene Kraft und Gestalt abzugeben.

(Frankfurter Allgemeine Zeitung, 12. 3. 1964)

STÄDTISCHE BÜHNEN ESSEN AM 16. 2. 1964
(Regie: Erich Schumacher, Bühne: Ottowerner Meyer)

Kammerspiel (Ilka Boll) (Dramaturgischer Bericht)

Die Essener Bearbeitung stützt sich im wesentlichen auf die zweite, die sogenannte Bühnenfassung des Stückes. [...] Die entscheidenden Veränderungen konzentrieren sich auf die Schlußszene mit der Absicht einer dem Thema entsprechenden expressiven Überhöhung. Der Handlungsablauf wird von einem einzigen Motiv bestimmt: das Pathos christlicher Moral. Da die Argumente der Gesprächspartner kein antithetisches Gewicht haben [...], wäre eine Verdichtung der Dialoge zu einer Kontroverse von »Modellcharakter« falsch. Soweit diese politischen Spekulationen keine faktischen Wiederholungen enthielten, wurden sie deshalb nahezu ungekürzt übernommen. [...] Damit entschied sich die Essener Inszenierung für eine realistische Wiedergabe, die lediglich im Schlußbild (Auschwitz) angehoben wird. Der eigentliche Gegenspieler, an dem Riccardo wächst, ist der immer reibungsloser funktionierende nationalsozialistische Apparat. [...] Aus diesem Grunde verzichteten wir nicht auf die (allerdings stark gekürzte) Luccani-Szene, obwohl sie das sonst aufrecht erhaltene Schema eines durch die Figur des Riccardo zusammengehaltenen »Stationen«-Spiels durchbricht. [...]
Einige Kritiker sprachen von einer Atmosphäre des Kammerspiels und in diesem Zusammenhang auch von einer »Entschärfung«. Dieser Eindruck kann sich aber nicht auf entschärfende Textauslassungen berufen (das Aktien-Gespräch findet statt, auch die Handwaschung). Das Papstbild geht pausenlos in das Auschwitz-Bild über (Überblendung des Schlußgebets durch eine Tonmontage jüdischer Gesänge und Zug-Fahrgeräusche), das durch zwei Monologe (Ausschnitte) eingeleitet wird. Die Schluß-Szene der Bühnenfassung wurde nicht verwandt, da sie

neue, u.E. nicht mehr interessierende Handlungsmomente in das längst entschiedene Spiel bringt und pragmatische Erwägungen in Gang setzt, die dem Postulat des Stückes nicht entsprechen. Dafür wurde die Rolle des Schädelforschers Hirt in ihren Hauptpassagen als repräsentativer Vertreter (seine Verehrung gilt zu gleichen Teilen der h-moll-Messe und dem Führer) zusammen mit zwei SS-Leuten in das Schlußbild übertragen: Auschwitz-Rampe – hinter der Szene Ankunft des Rom-»Transports«. Es handelt sich hier um eine aus verschiedenen Dialogstellen neu zusammengesetzte Szene, die der Hauptfigur die Basis gibt, das Thema des Stellvertreters als einer unbegrenzten Forderung an das christliche Gewissen demonstrativ zu beschließen.

(Dramaturgische Berichte [...]. In: Theater heute 5/1964, H. 4, S. 31)

Warum Carl Zuckmayer ihn lobte (Johannes Jacobi)

In Essen hatte man die Gegner in das Programmheft hereingeholt. Von ihren Zitaten, die mit dem Satz begannen: »Die Gestalt Pius' XII., wie sie Hochhuth darstellt, ist falsch«, hatte sich die Theaterleitung abgesetzt durch einen Vermerk: »Mit Seite 12 endet unsere redaktionelle Verantwortung.«
In einer Atmosphäre wie der Essener, wo Gegensätze nicht nur mit dem katholischen Ruhr-Bischof, sondern auch mit der Firma Krupp vorher »abgeklärt« worden waren, zeichnete sich die Publikumsresonanz in einer Nachmittagsvorstellung durch wohltuende Entspanntheit aus.
[...]
Schumacher ließ [...] durch graue, das Szenarium in sich zusammenschließende Stellwände von Ottowerner Meyer Distanz schaffen und inszenierte das anklagende Stück gleichsam als psychologisch-atmosphärisches Kammerspiel. Es war erstaunlich zu beobachten, wie viele Stellen in Hochhuths Text auch eine so fast intim individualisierende, dadurch nicht weniger bedrängende Psychologisierung rechtfertigen.

(Die Zeit, 10. 4. 1964)

Entschärft (Walter Hurck)

In Essen wurde das Werk in einer eigenen Bearbeitung gezeigt: nur auf das Riccardo-Drama beschränkt, ohne den »Doktor« und die Angriffe auf Krupp. Doch endete die Wirkung schon mit der Papstszene, denn vom Auschwitz-Akt blieb nur ein Torso übrig. Am Schluß war niemand erschüttert.
Hausherr Dr. Schumacher [...] wurde ein Opfer seiner übergroßen Vorsicht. Das an allen Ecken entschärfte und gedämpfte Drama verlor dadurch fast alle Farbe und Spannung.

(Christ und Welt, 28. 2. 1964)

SCHAUSPIELHAUS BOCHUM AM 16. 2. 1964
(Regie: Hans Schalla, Bühne: Max Fritzsche)

Konzentration, Enttheatralisierung (Jochen Jachmann) (Dramaturgischer Bericht)

Wir haben auf den Auschwitz-Akt verzichtet, weil aus der christlich-moralischen Demonstration, die das Schauspiel zuvor ist, partiell ein dialektisches Diskutierstück und am Schluß ein konventionell theatralisches und »tragisches« Drama wird. Die »Frage nach Gott«, so ist der Akt überschrieben, und die Gegenüberstellung von Figuren wie der des »Teufels« und des Gläubigen in der Situation der Todesfurcht und Anfechtung rechtfertigen ein neues Stück, brechen aber mit dem Voraufgegangenen, zumindest in der Figur des Riccardo. Sein Auftrag ist mit der Papstszene zu Ende. Sein persönliches Schicksal nach dem Entschluß, als Stellvertreter der Kirche Christi die Juden zu begleiten, ist für die moralische Demonstration des Stückes unwichtig. Das gilt auch für Gerstein.
Beim Stückschluß entschieden wir uns deshalb für die Monologe der Juden als Abgesang derer, die ihrem Schicksal folgen müssen, weil die Grausamkeit ihrer Mörder zu mächtig und die moralische Kraft der wissend Zusehenden zu schwach ist. Aus Dialogen des letzten Aktes im Original fügen wir einen Monolog für Riccardo hinzu: seine letzte Rechtfertigung im Angesicht der Hölle Auschwitz.
Die Empörer im Namen des unteilbaren christlichen Gewissens: Riccardo und Gerstein halten die Stationen des Stückes zusammen. Gestrichen wurden deshalb die Bilder, die das makabre Genre des nazistischen Verbrechens [...] zeigen, weil die Hybris der Mörder und das Leid der Verfolgten in jeder der Hauptszenen gegenwärtig [...] ist. Es blieben also die dramaturgisch unentbehrlichen Bilder: Nuntiatur, Gersteins Wohnung, Haus Fontana, Arbeitsraum des Ordensgenerals, päpstlicher Palast und als Epilog die Monologe. Durch Projektion von dokumentarischen Fotos zwischen den einzelnen Szenen versuchen wir, zweierlei wiederzugeben: die Wirklichkeit des Naziterrors – auch als »Ersatz« für die gestrichenen Bilder – und die Veranlassung, den Impuls zu den Anklagen des ganzen Stücks.
Die Striche in den Hauptszenen hatten das Ziel der Konzentration, Versachlichung und Enttheatralisierung. Die Gewissenskonflikte der Figuren des Papstes und des Kardinals mögen in der Exposition liegen; die Szene kann hier, dem Stück gemäß, kaum seelische Kämpfe, sondern nur Entscheidungen zeigen. Prinzip der Inszenierung ist keine maßlose Anklage, vielmehr Fragestellung. Dies wird bis in Details verdeutlicht.
Formale Konzentration wurde auch im Bühnenbild angestrebt. Vorbild der jeweils nur in Einzelheiten veränderten Dekoration war der Innenraum eines jüdischen Denkmals in Paris. Merkmale: Von oben steil einfallendes Licht, das einen hellen Kreis für die Hauptaktionen und -figuren markiert, umschlossen von weiteren Kreisen, die sich ins Dunkel hin bewegen und ein sinnfälliges Arrangement ermöglichen.

(Dramaturgische Berichte [...]. In: Theater heute 5/1964, H. 4, S. 32)

Wir besuchten: Im Schauspielhaus »Der Stellvertreter« (K-k.)

[...] Hochhuth versteht sein Handwerk. Die stark gekürzte [...] Fassung [...] bewies das. Die Szenen waren vorzüglich angelegt, der Handlungsablauf gekonnt aufgebaut, die Charaktere wirkungsvoll gezeichnet und gegeneinander abgesetzt. [...]
So bahnte sich in den ersten Bildern auch ein großes Theaterereignis an, fern von aller Zeitgeschichte. Die Zuschauer waren fasziniert und erschüttert. [...] Aber welche Wende, als der Auftritt Seiner Heiligkeit im letzten Bild auch nur angekündigt wurde! Welch verlegenes Schweigen im Publikum, als Manfred Heidmann die Bühne betrat, verkleidet als Papst Pius XII.! [...]
Dieses ins Alltägliche herabgezogene Bild des Kirchenfürsten [...] wurde sofort und spontan als das angesehen, was es auch sein mußte, die Verletzung eines Tabus, das niemand ungestraft berühren darf.

(Bochumer Blätter 15/1964, Nr. 9, S. 2)

Rückblick auf Hochhuth (Albert Schulze-Vellinghausen)

Das gerade war an dem Bochumer Riccardo zu rühmen [...], daß [...] dem gesamten, noch keineswegs distanzierten Vorgang eine neue Dimension zuwachsen konnte. Nicht nachträgliche »Enthüllung« auf Magazin-Niveau, nicht konstruierte Wahl eines exponiert Schuldigen – sondern Demonstration des jämmerlich schuldhaften Versagens aller, welche Mehrzahl waren. [...]
Alle kleinlichen Details waren weggelassen, es blieb das Dreieck Riccardo – Papst – Gerstein. Die niedere Anklage war gestrichen – aus Denunzierung wurde Selbstbefragung. Es war Schallas Verdienst, hierdurch zu zeigen, was der Text »potentiell« enthält.

(Frankfurter Allgemeine Zeitung, 12. 3. 1964)

DEUTSCHES THEATER BERLIN/DDR AM 5. 3. 1966
(Regie: Hans-Diether Meves und Friedo Solter, Bühne: Josef Svoboda).

»Der Stellvertreter« drüben (Dieter Hildebrandt)

Das Deutsche Theater in Ost-Berlin ist die fünfzigste Bühne, die das Stück spielt. [...] Hans Diether Meves und Friedo Solter [bieten] in Ost-Berlin eine knappe, gedrungene, gestraffte Version. Der tschechische Bühnenbildner Josef Svoboda konzentriert die Szenen auf ein rundes und abgeschrägtes Podium, er kippt die Handlung gleichermaßen ins Publikum hinein. Diese Konzentration wird von den Regisseuren weitergeführt. Im Text fehlen viele der kleinen Affekte, mit denen Hochhuth den dramatischen Fluß manchmal eher hemmt als stärkt. So kommt die Leidenschaftlichkeit des Unternehmens, das der junge Jesuitenpater Riccardo betreibt, in der Inszenierung [...] sehr gut und vehement zum Vorschein.

(Frankfurter Allgemeine Zeitung, 12. 3. 1966)

Kirche, Kapitalismus und NS-Staat (Jürgen Beckelmann)

Die Ideologie konnte hier bei einem traditionellen Antiklerikalismus und, in diesem protestantischen Gebiet Deutschlands, auch bei einem verbreiteten Antikatholizismus anknüpfen. So durfte denn auch die Ostberliner Inszenierung ohne Schaden an Deutlichkeit auf Szenen verzichten, in denen Hochhuth die Verquikkung Kirche – Kapitalismus – Hitlerstaat dialogisch breit ausführt. [...]
Svoboda hält die Bühnenbilder karg, dunkel meistens; nur Türen, sparsames Mobiliar und wenige Requisiten markieren die Handlungsorte. Die Regisseure lassen die erste Szene [...] nahezu bewegungslos spielen: Alles ist auf den Dialog gestellt, und gerade die Bewegungslosigkeit bewirkt geistige Spannung. Sie halten den gleichsam statischen Stil, mit geringen Auflockerungen, bis zum Schluß durch, bis zum Ende der antivatikanischen und antinazistischen Opponenten in Auschwitz. Das letzte Wort in dieser Inszenierung spricht der SS-Arzt, der zynische »Doktor«: »Das Feuer ist ein guter Arzt. Es wird den Juden *und* den Christen ausglühn.«
Horst Drinda [...] spielte Pius XII. in lebensgetreuer Maske: leise, verhalten auch im Zorn, als Diplomat und Nur-Diplomat, im ganzen – man möchte sagen: geschmackvoll. Daß der Papst trotz seines diplomatischen Schweigens, seines Abwartens und allzu vorsichtigen Taktierens als subjektiv-sympathische Gestalt erscheint, läßt die objektive Problematik in der Auffassung Hochhuths um so schärfer hervortreten und trägt wesentlich zur Publikumswirksamkeit der Ostberliner Inszenierung bei.

(Süddeutsche Zeitung, 15. 3. 1966)

KIELER SCHAUSPIELHAUS AM 12. 11. 1983
(Regie: Günther Tabor, Bühne: Gottfried Pilz)

»Nichts tun ist wie mittun«. Wiederbegegnung mit Hochhuths »Stellvertreter« in Kiel (Angelika Wölk)

[...] 20 Jahre später ruft die Premiere, bei der der Autor anwesend war, kaum öffentliches Interesse hervor. Das mag daran liegen, daß dem Stück die Brisanz verlorengegangen ist. Der damals Aufsehen erregende Vorwurf Hochhuths [...] wird heute kaum noch angezweifelt.
So hat sich Günther Tabor [...], der bei der Uraufführung unter Erwin Piscator die Rolle des Riccardo übernahm, auch nicht für die Darstellung eines dokumentarischen Zeitstücks entschieden. Seine Bearbeitung war von einem anderen Motiv bestimmt: der Verantwortung des einzelnen und nicht der einer Instanz wie der katholischen Kirche für politische Entwicklungen.
Dabei wurde sowohl bei der Ausstattung als auch bei der Bearbeitung des Textes auf eine Aktualisierung verzichtet. Tabor nutzte die Möglichkeiten, die in dem Drama stecken, sehr behutsam, indem er beispielsweise Sätze, wie: »Nichts tun, das ist so schlimm wie mittun« in den Mittelpunkt einzelner Szenen stellte.

Dennoch bleibt diese Inszenierung immer im Schatten derer, die Theatergeschichte gemacht haben. Ein Grund dafür liegt in der zurückhaltenden, konventionellen Regie, für die Gottfried Pilz ein funktionales Bühnenbild entwarf. Spärliche Requisiten charakterisieren jeweils den Handlungsort. Olaf Salmon in der Rolle des jungen Riccardo Fontana stand oftmals verloren in dem leeren Raum. Er zeigte einen von der ersten Szene an resignierenden Mann mit stets zerknirschtem Gesicht. Das moralische Pathos eines Schillerschen Helden, das in der Rolle steckt, nimmt man ihm nicht ab. [...]
Bleiben auch die schauspielerischen Leistungen teilweise hinter den Erwartungen zurück, so verdient die Tatsache, daß Tabor angesichts der drohenden atomaren Nachrüstung mit dem »Stellvertreter« an die Verantwortung der Kirche wie jedes einzelnen erinnert, Aufmerksamkeit.

(Westdeutsche Allgemeine Zeitung, 19. 11. 1983)

Das aktuelle Stück (Peter Iden)

Noch nachdrücklicher als Piscator beschränkt Tabor sich auf das politische Thema des »christlichen Trauerspiels« [...]; alle ausmalenden und anekdotischen Passagen entfallen.
Mittelpunkt der Inszenierung ist der Auftritt Papst Pius' XII., [...] der sich zu einem offenen Protest [...] nicht entschließen kann. Hier kommt auch die Gegenfigur des jungen Paters [...] gut zur Geltung [...]. Auch das übrige Personal des Stückes wird von dem Kieler Ensemble plausibel verkörpert. Auf der engen Bühne hat Gottfried Pilz mit geringen Mitteln geschickt verschiedene Schauplätze möglich gemacht.
Aktualität haben Hochhuths Szenen heute vor allem durch die darin formulierten Zweifel am Gehorsam gegenüber einer Ordnung [...], deren moralische Legitimation nicht mehr für alle verbindlich ist. Was heißt das dann hinsichtlich der Handlungsmöglichkeit des Einzelnen? »Nichts zu tun, das ist so schlimm wie mitzutun«, sagt Hochhuths Pater Riccardo. Für die Kieler Wiederaufführung ist der Zusammenhang der vergangen[en] mit gegenwärtigen Problemlagen erkannt und hervorgehoben worden.
Die Inszenierung beweist also die Bedeutung von Hochhuths Drama: Es enthält noch Mitteilungen für jetzt. Solange die akuten politischen Stoffe von den meisten Autoren des Theaters nicht wahrgenommen werden – hätten wir immerhin Hochhuth.

(Frankfurter Rundschau, 23. 11. 1983)

7 Literaturverzeichnis

1. Textausgaben

Der Stellvertreter, Schauspiel. Mit einem Vorwort von *Erwin Piscator*. Reinbek bei Hamburg 1963

Der Stellvertreter. Ein christliches Trauerspiel. Mit Essays von *Sabina Lietzmann, Karl Jaspers, Walter Muschg, Erwin Piscator, Golo Mann*. Reinbek bei Hamburg 1967; 169.–175. Tausend, Reinbek 1984 (= rororo 997) (Diese Ausgabe, nach der im vorliegenden Heft zitiert wird, enthält weiterhin: Historische Streiflichter, S. 229 – 280; Eine Variante zum fünften Akt, S. 281 – 295)

Dramen (Der Stellvertreter, Soldaten, Guerillas). Mit Aufsätzen von *Clive Barnes, Jack Kroll, Golo Mann, Ludwig Marcuse, Walter Muschg, Erwin Pisactor* und *H. C. N. Williams*. Reinbek bei Hamburg 1972

2. Weitere hier zitierte Texte Hochhuths

Die Hebamme, Komödie. Erzählungen, Gedichte, Essays. Reinbek bei Hamburg 1971

Krieg und Klassenkrieg. Studien. Mit einem Vorwort von *Fritz J. Raddatz*. Reinbek bei Hamburg 1971 (= rororo 1475)

3. Bibliographien

Bekes, Peter: Rolf Hochhuth. In: *H.L. Arnold* (Hg.), Kritisches Lexikon zur deutschsprachigen Gegenwartsliteratur. München 1979 (16. Nlg. 1984)

Kelletat, Andreas F.: Auswahlbibliographie zu Rolf Hochhuth. In: *W. Hinck* (Hg.), Rolf Hochhuth – Eingriff in die Zeitgeschichte. Reinbek bei Hamburg 1981

Peters, Günter: Auswahlbibliographie zu Rolf Hochhuth. In: *H.L. Arnold* (Hg.), Rolf Hochhuth. München 1978 (= text + kritik, H. 58)

4. Dokumentationen der »Stellvertreter«-Debatte

Summa iniuria oder Durfte der Papst schweigen? Hochhuths »Stellvertreter« in der öffentlichen Kritik, hg. v. *F.J. Raddatz*. Reinbek bei Hamburg: Rowohlt 1963 (= rororo aktuell 591) (zit. als: Summa)

Der Streit um Hochhuths »Stellvertreter«, hg. v. *R. Grimm, W. Jäggi, H. Oesch*. Basel, Stuttgart: Basilius Verlag 1963 (= Theater in unserer Zeit, Bd. 5) (zit. als: Der Streit)

The Storm over the Deputy. Essays and Articles about Hochhuth's Explosive Drama, hg. v. *E. Bentley*. New York 1964

5. Monografien (Auswahl)

Arnold, Heinz Ludwig (Hg.): Rolf Hochhuth. München 1978 (= text + kritik, H. 58)

Hinck, Walter (Hg.): Rolf Hochhuth – Eingriff in die Zeitgeschichte. Reinbek bei Hamburg: Rowohlt 1981

Hoffmeister, Reinhart (Hg.): Rolf Hochhuth. Dokumente zur politischen Wirkung. München 1980

Melchinger, Siegfried: Rolf Hochhuth. Velber bei Hannover 1967 (= Friedrichs Dramatiker des Welttheaters, Bd. 44)

Taëni, Rainer: Rolf Hochhuth. München 1977 (= Autorenbücher 5)

6. *Über »Der Stellvertreter« (Auswahl)*

Adolph, Walter: Verfälschte Geschichte. Antwort an Rolf Hochhuth. Berlin 1963

Berg, Jan: Hochhuths ›Stellvertreter‹ und die ›Stellvertreter‹-Debatte. ›Vergangenheitsbewältigung‹ in Theater und Presse der sechziger Jahre. Kronberg 1977 (= Hochschulschriften Literaturwissenschaft, Bd. 17)

Demetz, Peter: Rolf Hochhuth. In: P.D., Die süße Anarchie. Skizzen zur deutschen Literatur seit 1945. Frankfurt/M. 1973, S. 167 ff.

Fisher, Desmond: Pope Pius XII and the Jews. An Answer to Hochhuth's Play, »Der Stellvertreter« (The Deputy). New York 1963

Görgen, Josef-Matthias: Pius XII. Katholische Kirche und Hochhuths »Stellvertreter«. Buxheim 1964

Kesting, Marianne: Völkermord in Jamben. In: M.K., Panorama des zeitgenössischen Theaters. 58 literarische Porträts. München 1969, S. 324 ff.

Mittenzwei, Werner: Die vereinsamte Position eines Erfolgreichen. Der Weg des Dramatikers Rolf Hochhuth. In: Sinn und Form 6/1974

Muschg, Walter: Hochhuth und Lessing. In: *R. Hochhuth,* Der Stellvertreter. Reinbek bei Hamburg 1984 = rororo 997, S. 296 – 298

Reinhold, Ursula: Drama und Geschichte bei Rolf Hochhuth. In: Weimarer Beiträge XXII (1977), H. 12, S. 96 – 115

Tschopp-Brunner, Hans Rudolf: Hochhuth und kein Ende. Basel 1963

Walter, Hans-Albert / Dirks, Walter: Hochhuths moralischer Appell. In: *H.L. Arnold* (Hg.), Geschichte der deutschen Literatur aus Methoden – Westdt. Lit. von 1945 – 1971, Bd. 2. Frankfurt/M. 1972, S. 256 – 269

Zimmermann, Rolf Christian: Rolf Hochhuth. Der Stellvertreter. In: *M. Brauneck* (Hg.), Das deutsche Drama vom Expressionismus bis zur Gegenwart. Bamberg 1970, S. 234 – 245.

7. *Über die Literatur und das Theater von 1945 bis zu den 60er Jahren (Auswahl)*

Arnold, Heinz Ludwig / Buck, Theo (Hg.): Positionen des Dramas. Analysen und Theorien zur deutschen Gegenwartsliteratur. München 1977

Blumer, Arnold: Das dokumentarische Theater der sechziger Jahre in der Bundesrepublik Deutschland. Meisenheim 1977

Carl, Rolf-Peter: Dokumentarisches Theater. In: *M. Durzak,* Dürrenmatt, Frisch, Weiss. Deutsches Drama der Gegenwart zwischen Kritik und Utopie. Stuttgart 1972

Esslin, Martin: Das Theater des Absurden. Reinbek [6]1971

Geiger, Heinz: Widerstand und Mitschuld. Zum deutschen Drama von Brecht bis Weiss. Düsseldorf 1973 (= Literatur in der Gesellschaft, 9)

Kesting, Marianne: Das deutsche Drama seit Ende des Zweiten Weltkrieges. In: *M. Durzak,* Die deutsche Literatur der Gegenwart. Aspekte und Tendenzen. Stuttgart 1971

Mennemeier, Franz Norbert: Modernes Deutsches Drama. Kritiken und Charakteristiken, Bd. 2: 1933 bis zur Gegenwart. München 1975 (= UTB 425)

Motekat, Helmut: Das zeitgenössische deutsche Drama. Einführung und kritische Analyse. Stuttgart 1977 (= Sprache und Literatur 90)

Schreiber, Ulrich: Dramatik in der Bundesrepublik Deutschland und Österreich. In: *W. Hinck*, Handbuch des deutschen Dramas. Düsseldorf 1980, S. 465 – 481

Thomas, R. Hinton / Bullivant, Keith: Westdeutsche Literatur der sechziger Jahre. Köln 1974

Grundlagen und Gedanken zum Verständnis des Dramas

Interpretationshilfen

Herausgegeben von Hans-Gert Roloff.

Ältere Dramenliteratur

Aischylos, Die Perser. (D. Böer) 59 Seiten	(6357)
Büchner, Dantons Tod. (G. P. Knapp) 86 Seiten	(6392)
Büchner, Leonce und Lena. (R. Kühn) 56 Seiten	(6411)
Büchner, Woyzeck. (H. Ritscher) 63 Seiten	(6393)
Goethe, Egmont. (R. Ibel) 68 Seiten	(6466)
Goethe, Faust I. (H. Kobligk) 158 Seiten	(6360)
Goethe, Faust II. (H. Kobligk) 193 Seiten	(6358)
Goethe, Götz von Berlichingen. (R. Ibel) 67 Seiten	(6465)
Goethe, Iphigenie auf Tauris. (G. Holst) 80 Seiten	(6467)
Goethe, Torquato Tasso. (H. Kobligk) 79 Seiten	(6410)
Kleist, Der zerbrochne Krug. (R. Ibel) 63 Seiten	(6399)
Kleist, Prinz Friedrich von Homburg. (E. Fischer-Lichte unter Mitarbeit von K. Schwind) 115 Seiten	(6400)
Lessing, Emilia Galotti. (W. Fischer) 79 Seiten	(6391)
Lessing, Minna von Barnhelm. (W. Kröger) 64 Seiten	(6390)
Lessing, Nathan der Weise. (D. Arendt) 94 Seiten	(6380)
Schiller, Don Carlos. (R. Ibel) 64 Seiten	(6470)
Schiller, Die Jungfrau von Orléans. (R. Ibel) 76 Seiten	(6387)
Schiller, Kabale und Liebe. (H. P. Herrmann und M. Herrmann) 96 Seiten	(6398)
Schiller, Maria Stuart. (R. Ibel) 67 Seiten	(6469)
Schiller, Die Räuber. (R. Ibel) 72 Seiten	(6468)
Schiller, Wallenstein. Wallensteins Lager, Die Piccolomini, Wallensteins Tod. (R. Ibel) 75 Seiten	(6389)
Schiller, Wilhelm Tell. (R. Ibel) 68 Seiten	(6388)
Shakespeare, Hamlet (R. Flatter) 66 Seiten	(6386)
Shakespeare, Macbeth. (W. Rudorff) 87 Seiten	(6385)
Sophokles, Antigone. (N. Zink) 96 Seiten	(6383)
Sophokles, König Ödipus. (N. Zink) 96 Seiten	(6384)

Diesterweg 631/20

Grundlagen und Gedanken zum Verständnis des Dramas

Interpretationshilfen

Herausgegeben von Hans-Gert Roloff.

Neuere Dramenliteratur

Anouilh, Antigone. (W. Schrank) 66 Seiten	(6070)
Beckett, Warten auf Godot. (G. P. und M. Knapp) 78 Seiten	(6081)
Borchert, Draußen vor der Tür. (B. Balzer) 64 Seiten	(6087)
Brecht, Furcht und Elend des Dritten Reiches. (W. Busch) 64 Seiten	(6090)
Brecht, Der gute Mensch von Sezuan. (J. Knopf) 64 Seiten	(6088)
Brecht, Die heilige Johanna der Schlachthöfe. (J. Knopf) 96 Seiten	(6061)
Brecht, Herr Puntila und sein Knecht Matti. (S. Mews) 107 Seiten	(6076)
Brecht, Der Jasager und der Neinsager. (R. Jaretzky)	(6067)
Brecht, Der kaukasische Kreidekreis. (S. Mews) 120 Seiten	(6082)
Brecht, Leben des Galilei. (H. Knust) 87 Seiten	(6084)
Brecht, Mutter Courage und ihre Kinder. (D. Thiele) 95 Seiten	(6089)
Dorst, Toller. (R. Taëni). 83 Seiten	(6077)
Dürrenmatt, Der Besuch der alten Dame. (S. Mayer) 80 Seiten	(6080)
Dürrenmatt, Die Physiker. (G. P. Knapp) 63 Seiten	(6079)
Dürrenmatt, Romulus der Große. (G. P. Knapp) 72 Seiten	(6062)
Frisch, Andorra. (G. P. und M. Knapp) 59 Seiten	(6071)
Frisch, Biedermann und die Brandstifter. (G. Jordan) 55 Seiten	(6085)
Handke, Kaspar. (R. Voris) 76 Seiten	(6064)
Hauptmann, Der Biberpelz. (H. Scheuer)	(6086)
Hauptmann, Die Weber. (G. Schildberg-Schroth) 86 Seiten	(6083)
Hochhuth, Der Stellvertreter. (B. Balzer) 76 Seiten	(6092)
Hofmannsthal, Jedermann. (H. Müller) 67 Seiten	(6366)
Horváth, Glaube, Liebe, Hoffnung. (S. Foral-Krischke und T. Krischke)	(6093)
Ibsen, Nora. (D. Bänsch)	(6066)
Kipphardt, In der Sache J. Robert Oppenheimer. (F. van Ingen) 72 Seiten	(6078)
Kroetz, Oberösterreich/Mensch Meier. (J. Hein)	(6091)
Sartre, Die schmutzigen Hände. (V. Sabin) 87 Seiten	(6365)
Shaw, Die heilige Johanna. (J. Hardin) 67 Seiten	(6075)
Sternheim, Die Hose. (J. Ukena) 74 Seiten	(6364)
Wedekind, Frühlings Erwachen. (G. Pickerodt) 62 Seiten	(6068)
Weiss, Die Ermittlung. (G. Weinreich) 64 Seiten	(6073)
Weiss, Marat/Sade. (G. Weinreich) 64 Seiten	(6074)
Zuckmayer, Der Hauptmann von Köpenick. (S. Mews) 88 Seiten	(6363)
Zuckmayer, Des Teufels General. (S. Mews) 80 Seiten	(6367)